L’INFINI

ESPOIR

ISBN : 979-10-359-1951-1

Anne-Hélène
Gramignano

L'Infini
Espoir

AUTOBIOGRAPHIE
D'UNE MEDIUM

À tous mes gentils anges du Ciel et de la Terre,
À ma famille et amis de l'au-delà,
À ma famille et amis de la Terre.

L'INFINI ESPOIR

Avant-propos

Je suis une messagère de l'au-delà.

La toile de la vie est un immense puzzle dont nous détenons tous un morceau. Nous ne recevons pas forcément les mêmes messages mais, au final, c'est cette diversité qui en fait un chef-d'œuvre.

Nous formons un unique tableau immense ; et même si nous sommes tous différents aux quatre coins de cette si belle planète, nous formons une unité, nous sommes tous reliés les uns aux autres, et même au-delà d'elle, nous sommes reliés à cette bulle au sein de laquelle il y a « eux » et « eux ».

Eux ?

Ce sont tout d'abord les anges, ces êtres de lumière… Ils sont là, nous observent, nous sourient, nous guident, nous protègent.

Et eux ?

Ce sont nos chers défunts qui veillent sur nous et qui tâchent, comme ils le peuvent, de nous montrer leur présence, leur existence, en envoyant des signes pour nous dire qu'ils ne nous oublient pas.

Je suis convaincue de leur présence car j'ai la chance de pouvoir les voir et les entendre. Ils me parlent presque chaque jour, m'aident dans mon quotidien, me permettent d'aider à mon tour les personnes qui croisent ma route.

Ce sont les anges qui m'ont demandé un soir de décembre, le 31, d'écrire mon témoignage. Ils m'ont dit : « Écris ce que tu vis, partage dans un livre tes expériences avec nous. Nous voulons que tu témoignes de notre relation avec le monde. »

Les anges veulent que ce témoignage soit accessible à tous, alors je m'exécute en vous promettant d'être la plus fidèle possible à ce qu'ils veulent vous dire et vous envoyer comme message.

Introduction

Je m'appelle Anne-Hélène, je suis née le 12 juin 1977 à Dijon, en Bourgogne.

Dans ma famille, mon arrière-grand-mère et ma grand-mère exerçaient le métier de voyante-médium. De ce que j'ai pu entendre autour de moi, j'en ai conclu qu'elles pouvaient prédire l'avenir et que beaucoup de gens venaient les consulter.

Je n'ai pas connu mon arrière-grand-mère, Valentine. Quant à ma grand-mère, Marcelle, elle n'exerçait déjà plus quand je suis née.

C'était un dimanche d'avril 1985. Nous sortions d'un déjeuner familial dans un restaurant près de Beaune avec toute la famille du côté de maman. Pour ne pas se dire au revoir trop rapidement, les grands avaient décidé de se retrouver chez mes parents pour prendre le thé. J'avais huit ans, j'ai choisi de rentrer à la maison dans la voiture de mes grands-parents, Marcelle et François.

Je me souviens qu'il faisait très beau et que nous longions les vignes le long de la route des Grands Crus. Dans la voiture, Marcelle a pris l'une de mes mains et elle m'a avoué qu'elle aimait aussi toucher celles de ma mère lorsqu'elle était petite. Elle m'a dit que j'avais la même forme de mains que ma mère au même âge. Puis le temps s'est arrêté, elle n'a plus parlé. Elle a fixé les lignes de ma main pendant un certain temps. Puis elle a regardé son mari et elle a dit :

— François, la petite, c'est la seule de la famille qui fera comme moi.

Je ne sais pas si elle avait vu cela dans mes mains, ou si elle avait eu un flash, elle m'a dit cette phrase sans donner plus d'explications. De mon côté, âgée de huit ans, je n'ai pas pensé à poser de questions. Je sentais juste un point au cœur. Quelle révélation ! J'étais touchée et fière. C'était la première fois que j'entendais ma grand-mère donner une prédiction à un membre de la famille.

J'étais toute retournée et, à peine arrivée à la maison, je suis allée le répéter à maman. Cette affirmation ne lui a pas du tout plu. Elle trouvait que j'étais trop petite pour que ma grand-mère vienne me mettre ce genre d'idées dans la tête.

Si je tentais de vous décrire ma grand-mère Marcelle, je vous dirais que c'était une femme imposante, crainte de son mari et de ses filles. Elle n'était pas très grande mais elle avait une forte corpulence. Elle était blonde décolorée, avec un rouge à lèvres rose, et elle portait d'énormes bijoux en or. L'archétype parfait de la voyante !

Elle avait acquis une grande renommée grâce à son don. Il se raconte même dans la famille que des personnalités connues, dont je tairai les noms, sont venues la consulter…

Bref, le sujet concernant mon futur métier potentiel ne fut plus jamais évoqué avec mes parents.

Deux ans plus tard, alors que j'effectuais un séjour chez mes grands-parents, j'ai demandé à Marcelle qu'elle me montre la boule de cristal avec laquelle elle avait exercé. Elle a alors envoyé François dans le grenier pour essayer de la retrouver. Au bout d'une heure à chercher dans les cartons, il est redescendu avec ce qui constituait, pour la petite fille de dix ans que j'étais, le Graal.

Marcelle m'a donné sa boule de cristal en me disant que je pouvais la garder en souvenir d'elle.

Elle m'a expliqué en quelques mots comment l'utiliser. J'étais fière de pouvoir la rapporter chez moi. Je me rappelle l'avoir cachée dans un placard, précieusement enveloppée dans un linge, pour ne pas la casser et pour la protéger des personnes qui pourraient entrer dans ma chambre. De temps en temps, je la sortais pour la prendre entre mes mains, sans jamais rien ressentir, mais j'aimais bien la manipuler.

CM2, école Saint-Joseph de Dijon.

Un voyage scolaire à la neige était organisé. Nous étions le dimanche soir, et le lendemain était le dernier jour pour donner le chèque de règlement du voyage à la maîtresse. Maman me l'avait remis, mais je ne l'avais pas rangé tout de suite et, au moment du coucher, je ne l'ai pas retrouvé. Je me sentais très angoissée, j'avais peur. Je suis montée dans ma chambre et, à court d'idées, je me suis mise à prier : « Mon Dieu, aidez-moi ! Aidez-moi à retrouver mon chèque. » J'ai prié avec force et sincérité. Puis j'ai repris mes recherches et, très vite, dans un manuel scolaire que j'avais déjà retourné en tous sens, je l'ai retrouvé.

C'était extraordinaire, c'était magique. Ça avait marché !

À présent, je me devais de remercier. C'est ce que disait le curé de l'école : « Les gens savent prier mais, quand ils sont exaucés, combien pensent à remercier ? » Comment faire ? Je n'avais pas de croix suffisamment grande pour être à la hauteur de ma reconnaissance. Je suis donc allée voir mon père, un grand bricoleur. Aussitôt dit, aussitôt fait, il a trouvé deux morceaux de bois, un clou, et hop, voilà ma croix. J'ai foncé dans ma chambre pour me mettre à genoux et remercier avec intensité Dieu. Au bout de quelques minutes de prières, j'ai perçu au niveau du cœur une voix qui ne m'était pas familière, une voix grave d'homme, qui s'est imprimée en moi et m'a dit : « Va en paix. » Je me rappelle des vibrations à l'intérieur de mon cœur, surprenantes et inconnues. C'était comme si mon cœur s'arrêtait tant j'avais été saisie par ce message. J'étais complètement interloquée. C'était vraiment magique, cette voix pleine de force, d'assurance, d'espoir et d'amour. Je me sentais heureuse, tellement heureuse…

Ce soir-là, j'ai décidé de faire alliance avec Dieu, car j'étais persuadée que c'était lui qui m'avait parlé. Mais c'était mon secret. Je ne pouvais le partager avec personne, sachant qu'on ne me croirait pas. J'ai donc placé ma croix au-dessus de mon armoire, là où personne ne pourrait la voir. J'avais une bague, gagnée dans un distributeur de supermarché, sertie d'une pierre en plastique rouge. Elle symboliserait mon union avec Dieu…

L'une de mes activités favorites était la visite des cimetières. Je me promenais entre les tombes et je m'y sentais bien. Je calculais l'âge des gens au moment de leur décès. Je préférais les tombes sur lesquelles il y avait des photos. Je passais aussi beaucoup de temps devant les tombes d'enfants. Elles étaient plus belles que les autres, mieux décorées, avec beaucoup de statues d'anges. Je m'arrêtais aussi sur les tombes « pauvres », celles qui semblaient oubliées, d'un autre temps.

Je sais que ça peut paraître bizarre, mais je tenais à déposer sur ces tombes des cailloux et des graviers ramassés par terre. Ils remplaçaient les fleurs que je n'avais pas. Je récitais beaucoup de *Notre Père* ou de *Je vous salue Marie*. Je me sentais bien, un peu comme chez moi…

Depuis mon année de CM2, nous habitions une très vieille maison abandonnée que mon père avait mis plus d'un an à rénover. Ma mère avait eu un coup de cœur pour cette bâtisse en pierre. Elle appartenait à une vieille dame souffrant de la maladie d'Alzheimer et qui vivait depuis de nombreuses années en maison de retraite. Elle avait pour seul héritier un fils, alcoolique, sans emploi et sans famille qui squattait la maison avec ses amis SDF. Malheureusement, un soir d'hiver, complètement ivre, il était tombé dans le canal de Bourgogne et il s'était noyé. Ses amis avaient continué d'occuper la maison sans que personne ne cherche à les inquiéter.

Au décès de cette dame, en 1987, la maison a été mise aux enchères par l'État, devenu propriétaire, et ce sont mes parents qui l'ont achetée, ce qui a entraîné, logiquement, l'expulsion de ses occupants.

Avant leur départ, ces derniers nous ont laissé deux messages. Le premier a été découvert à l'étage, dans la pièce qui allait devenir plus tard ma chambre, par ma mère et sa sœur. Il consistait en une corde de pendu attachée à une poutre de la charpente. Le second était une inscription gravée dans un mur qui disait : « Nous reviendrons ». Ma tante a traité ma mère de folle de vouloir habiter une telle maison où, selon elle, un sort avait été jeté.

Aucune de ces menaces n'a été mise à exécution et elles ont toutes deux vite été oubliées.

Adolescente, je passais beaucoup de temps seule dans ma chambre. Je faisais mes devoirs devant un bureau accolé à un mur, je tournais ainsi le dos à la porte. Je me rappelle parfaitement avoir eu la sensation, à plusieurs reprises, de ne pas être seule. J'étais persuadée qu'une présence passait derrière mon dos. Dès que cela se produisait je me retournais d'un seul coup, mais je ne voyais rien. Cependant, une angoisse profonde m'envahissait. Cette angoisse et ce sentiment de n'être pas seule revenaient très souvent.

Je me suis mise en quête d'un moyen de m'apaiser. Intuitivement, j'ai fait le test de mettre de la musique et de me concentrer sur elle. Cette action m'a été bénéfique et m'a apaisée, néanmoins cela ne changeait rien au fait que je n'étais pas seule.

Un jour où je dessinais, tranquillement assise à mon bureau, la présence s'est manifestée de nouveau. Pour la première fois, et bien qu'ayant très peur, j'ai décidé de ne pas me retourner, ni de mettre de musique. J'ai attendu. L'angoisse est venue instantanément me nouer la gorge. J'ai fermé les yeux, et j'ai ressenti la présence d'un homme en guenilles de couleurs sombres, trempé qui marchait derrière ma chaise en faisant des allées et venues. Il était très en colère et il avait un regard menaçant. Je n'avais pas besoin de me retourner pour le voir, son image s'imprimait dans mon esprit.

J'ai réussi à capter ses émotions. Il était furieux que ma famille vive dans cette maison à la place de ses amis. Nous étions des intrus et il ne tolérait pas notre présence. Il était chez lui et nous étions des ennemis. J'étais terrifiée. En comprenant son mal-être, un sentiment de culpabilité et d'impuissance m'a envahie. J'ai éprouvé à son égard de la pitié.

— Je comprends votre colère, mais je n'y suis pour rien, et j'en suis plus que désolée, lui ai-je dit en pensées.

Je n'ai pas obtenu de réponse, cependant je l'ai vu baisser la tête et disparaître par la fenêtre.

Suite à cet échange, je n'ai plus jamais ressenti sa présence. Je suppose que celui-ci a suffi à l'apaiser.

Pendant toute la période qui a suivi, je n'ai plus rien ressenti de particulier jusqu'à ce qu'en 2000, mon grand-père paternel, Vincenzo, décède.

Je n'étais pas proche de lui, il parlait sicilien et très peu le français. Il passait son temps à jardiner ou devant la télé. Il criait beaucoup quand on jouait à la belote. J'avais peur d'être sa partenaire car il ne pardonnait pas la moindre erreur. Mais, parfois, il faisait exprès de taquiner mamie Rosa qui démarrait au quart de tour tandis que lui me faisait des clins d'œil. Ça a été là nos seuls moments de complicité.

Quand il est décédé, cela faisait un an que j'étais partie de Dijon et que je vivais à Nouméa, en Nouvelle-Calédonie. Maman m'a donc appelée pour me prévenir. Lorsque j'ai raccroché, je me suis isolée dans une pièce vide. J'avais envie, par respect pour lui, de dire une prière. Je n'arrivais pas trop à ressentir de chagrin. J'avais vingt-trois ans, j'étais loin physiquement et je savais qu'il était très âgé. Pour être honnête, je ressentais plus de peine pour ma mamie Rosa, qui allait se retrouver seule.

J'étais en train de me faire toutes ces réflexions lorsque, tout à coup, il m'est apparu, assis à côté de moi, en tailleur. J'ai tout de suite su, sans pouvoir expliquer pourquoi, que c'était lui malgré le fait que, bizarrement, il avait rajeuni. Il devait avoir une vingtaine d'années au lieu de ses quatre-vingt-treize ans.

C'était un très beau jeune homme, serein et en paix. Il m'a souri, je lui ai dit par télépathie :

— Comme tu es jeune, comme tu es beau ! J'espère que tu as été gentil avec mamie pendant toutes ces années.

Il ne m'a rien répondu, il a juste continué de sourire. Comme j'avais quand même un peu peur, j'ai fermé les yeux. Et quand je les ai rouverts, il était parti. Je me suis sentie alors très bien, j'étais tout excitée et joyeuse.

Qu'il est dur de prendre « un air de circonstance » et de pleurer quand, en vous, vous vous sentez bien, remplie d'amour et de joie ! C'était horrible de devoir faire semblant devant ces gens qui savaient que je venais de perdre mon grand-père. Mais comment expliquer cela ? Et à qui ? Qui pourrait croire qu'il était venu me dire au revoir ? Pourquoi était-ce moi qu'il avait choisie ? Qui plus est à 22 000 kilomètres de Dijon…

Ma foi, mise en sommeil durant tout ce temps, est revenue instantanément. Tout mon être s'est remis à briller et à scintiller. Je m'étais reconnectée.

Depuis cette année 2000, je me rendais compte que j'étais de plus en plus réceptive aux défunts. Je ressentais de plus en plus d'entités. Pour être franche, cela me faisait peur. Cela m'angoissait et me terrorisait.

Par exemple, une nuit, alors que je me levais pour aller aux toilettes, une dame en chemise de nuit blanche m'est apparue. Elle est passée dans le couloir, entre ma chambre et les toilettes. J'étais terrorisée et j'ai couru me cacher en m'efforçant de faire comme si je ne l'avais pas remarquée. En l'ignorant, je me disais que, peut-être, elle ne se rendrait pas compte que je l'avais vue et elle ne reviendrait pas. Le lendemain soir, j'ai été à nouveau réveillée par cette même envie d'aller aux toilettes. Je me suis retenue le plus longtemps possible tant j'avais peur de la croiser, mais l'envie était trop pressante. Elle m'est apparue ainsi trois nuits de suite. Comme j'étais bloquée par la peur, je n'ai jamais su ce qu'elle voulait.

Je ne savais pas, à l'époque, comment appréhender ces visites nocturnes. J'étais encore jeune, et je n'avais rien lu sur ce sujet. J'ai tout de même osé en parler à mon mari qui s'est moqué de moi et qui ne m'a absolument pas crue.

Lorsqu'est né mon fils, Vincent, en 2005, j'ai, de nouveau vu des personnes décédées qui passaient derrière le canapé où j'allaitais mon bébé. J'étais tétanisée et, au bout de quelques nuits, j'ai eu l'idée d'allumer la télévision pendant la durée de la tétée. Bingo. La télévision devait brouiller les ondes. Elle faisait écran et je ne ressentais plus les présences. J'étais plus sereine.

Début 2006, mon mari a quitté la maison et s'est installé avec une autre femme. J'en étais très malheureuse mais, peu de temps après cette séparation, j'ai rencontré Christophe, qui est maintenant mon mari. Il était en instance de divorce et il avait trois enfants en bas âge. Nos enfants nous ont rapprochés et nous avons décidé de prendre soin à deux des cinq petites âmes que Dieu nous avait confiées.

Cependant j'avais quand même du mal à accepter ma séparation. Je ressassais beaucoup… Un week-end d'août 2006, j'ai couché Vincent, âgé d'un an, pour la sieste et je me suis également allongée. Et là, dans un rêve éveillé, un ange m'est apparu à l'esprit de façon très distincte. Le message était limpide, d'une force tranquille, paisible. Par télépathie, il m'a dit :

— Arrête de ressasser ta séparation, c'est nous qui sommes intervenus pour qu'il te quitte car nous avons besoin de toi pour que tu aides les autres. Ne t'inquiète pas, tu ne manqueras de rien et nous te donnerons une très belle maison. Tu as le choix, sans aucune obligation, d'accepter ou non cette mission, tu pourras nous voir quand tu le voudras.

Il m'a montré le ciel, c'était un parterre d'anges. C'était très beau. J'ai réellement senti que j'avais le choix d'accepter ou non la mission qu'il voulait me confier. Je me suis sentie totalement libre de ma réponse. Bien sûr, je l'ai acceptée. La vision s'est arrêtée, j'ai ressenti une immense force et une très grande joie. J'étais transportée. J'avais entièrement confiance. J'ai remercié pour ce message extraordinaire.

Dès le lundi matin, je me suis rendue dans une librairie ésotérique, en haut de la place des Cocotiers. Je devais comprendre. Je voulais avoir la certitude que les anges pouvaient passer des messages comme celui que j'avais reçu.

Le vendeur m'a conseillé un ouvrage génial : *Enquête sur l'existence des anges Gardiens* de M. Pierre Jovanovic. Ce livre fut une révélation.

Oui, les anges existent. Oui, ils nous protègent. Oui, les défunts peuvent communiquer avec nous.

Mais maintenant que faire de ce message ? L'ange avait oublié de me donner le mode d'emploi… Je devais aider les autres, d'accord, mais comment ? J'ai pris rendez-vous avec une voyante qui m'a confirmé que j'avais bel et bien un don et qui m'a encouragée à acheter un jeu de cartes divinatoires. Elle m'a expliqué que si les personnes décédées m'apparaissaient c'était que je devais les aider, il ne fallait pas en avoir peur. Elle a ajouté que pour les aider il fallait savoir ce qu'elles voulaient et la raison pour laquelle elles venaient me voir. Je devais simplement échanger avec elles.

Suivant ses conseils, j'ai demandé à ma mamie Marcelle de me guider lorsque j'irais acheter mon jeu de cartes divinatoires. Dans la librairie, des dizaines de jeux étaient exposés sur une table. J'étais un peu perdue. Le libraire m'a conseillé de toucher les cartes des différents jeux et de les manipuler pour voir si j'avais le *feeling* avec l'un d'entre eux. Après quelques minutes, mon choix s'est porté sur le jeu *L'Oracle de la triade*.

De retour chez moi, il fallait que je trouve des amies qui accepteraient que je m'entraîne sur elles. J'ai commencé à en parler à mes proches. Certaines m'ont dit oui et d'autres, qui avaient peur, ont refusé.

Un mois a passé, j'ai continué, quand je le pouvais, à m'imprégner de mon jeu. Avec Christophe et des amis nous sommes partis en week-end et, l'après-midi, je me suis retrouvée dans la chambre de la copine qui nous recevait, entourée de plusieurs dames que je ne connaissais pas. Elles étaient toutes intéressées par la découverte de mon nouveau don et elles avaient envie d'essayer. L'euphorie du mouvement de groupe était en marche.

Nous étions toutes assises sur le lit, elles formaient un cercle autour de moi et j'ai commencé à faire un tirage à l'une d'entre elles. Au fur et à mesure de la séance, j'ai entendu une voix qui s'imprimait en moi pour me traduire les cartes tirées, alors j'ai répété ce que j'entendais et ce que je ressentais au travers de la voix. C'est la réaction des dames qui m'a fait prendre conscience que ça marchait. Je parvenais à ressentir quelques épisodes du passé, et je pouvais prédire quelques petits évènements à venir.

Le bouche-à-oreille a commencé à fonctionner, et j'ai eu pas mal de demandes de consultation.

Les débuts ont été très difficiles, je manquais totalement d'expérience. J'éprouvais beaucoup d'appréhension à chaque nouvelle consultation. Parfois, les personnes que je recevais me faisaient instantanément confiance et nous passions un très beau moment. J'arrivais à transmettre de beaux messages. Mais, à d'autres moments, on venait juste pour me tester, du coup, trop stressée, la magie n'opérait pas.

Les gens venaient me consulter pour toutes sortes de problèmes, mais principalement pour des problèmes sentimentaux, d'adultères. Je n'aimais pas du tout ce genre de consultations que je trouvais inintéressantes d'un point de vue spirituel.

Au fur et à mesure des mois, j'ai compris que je n'étais pas à ma place en tant que voyante. Même si j'arrivais à donner quelques prédictions qui se révélaient justes, je n'étais pas assez précise. Je ressentais ce qui pouvait se produire dans les douze mois à venir, mais pas au-delà, et ce travail de prédiction m'ennuyait. De plus, je restais persuadée que rien n'était figé dans la vie. Une voyante peut avoir une lecture de notre avenir par rapport au présent que nous vivons, mais si nous décidons de changer notre comportement, cela aura un impact sur notre futur. De même, une voyante peut influencer l'avenir de la personne qui vient la consulter. J'ai déjà entendu des amies me dire qu'elles avaient consulté une voyante qui leur avait prédit un déménagement ou un changement d'emploi.

Après réflexion, cela leur avait donné l'idée de changer de maison ou de travail.

Je me suis rendu compte que c'était lorsque je percevais la présence de défunts et que je passais leurs messages que j'étais la plus heureuse. J'ai compris ainsi, peu à peu, tout doucement, que la mission qui m'avait été confiée par mon ange, n'était pas de prédire l'avenir, mais plutôt de réconcilier, de rapprocher et de mettre en relations les âmes qui sont parties avec les âmes qui sont encore sur Terre.

Moi qui étais terrorisée par le contact avec les personnes décédées, c'est aujourd'hui ce que j'aime le plus faire dans ma vie. Je n'ai plus peur du tout d'elles. J'aime les ressentir, leur parler, les aider et passer les messages qu'elles souhaitent. J'adore mon job !

Pour entrer en contact avec les défunts, je me suis rapidement rendu compte que je n'avais besoin d'aucun support. Je les vois, les entends et les ressens, c'est donc très facile pour moi. J'ai juste parfois besoin de calme, de faire le vide en moi et de ne rencontrer aucun problème particulier dans ma vie. Il faut que je sois bien dans ma tête pour être la plus performante possible. Je n'utilise plus mon jeu de cartes que de temps en temps, pour mes proches, pour faire plaisir. Je suis là pour aider à défaire les nœuds, s'il y en a. À délivrer les gens, à les apaiser, qu'ils soient de ce monde ou non.

Définir un cadre a été essentiel à la poursuite de ma mission, car, en prédisant l'avenir, j'ai très vite entrevu mes limites. Finalement, le message de l'ange était très vague : « on a besoin de toi pour que tu aides les gens. » Cela semblait très simple au moment de la vision, cela semblait très facile, mais concrètement, comment m'y prendre ?

Je me suis tournée vers les cartes car ma grand-mère Marcelle utilisait ce support, nous en avions parlé toutes les deux avant son décès. Elle m'avait même avoué, le jour où elle m'a donné sa boule de cristal, qu'elle m'aurait bien transmis son jeu de cartes mais que, malheureusement, il était tellement usé que lorsqu'elle avait pris sa retraite, elle s'en était séparée.

Voilà comment tout a commencé…

CHAPITRE I

Règle du jeu – Explications

Les anges veulent vous dire que nous faisons tous partie d'un jeu, un jeu immense rempli de possibilités. Ils m'ont demandé de le nommer le Jeu-Vie ou le Je-Vis.

1 - Les cartes Expériences

Avant notre naissance, nous choisissons avec eux des sortes de cartes, toutes appelées *Expériences*. Il est convenu, avant que la partie ne commence, qu'elles apparaîtront dans notre jeu-vie à des moments précis, inconnus de nous. Ces cartes représenteront ce que nous sommes venus expérimenter sur la Terre.

Voici quelques exemples de cartes *Expériences* : rencontre, mariage, décès, naissance, handicap, succès, maladie, perte d'emploi, séparation, découverte, divorce, cadeau, voyage, accident, etc.

À l'apparition de l'une d'entre elles dans le jeu-vie, il nous appartiendra de choisir l'usage que nous en ferons, à savoir si nous utiliserons cette carte pour apprendre et avancer dans le jeu ou si nous l'utiliserons comme frein ou blocage. Ces cartes font partie du plan divin décidé en commun entre les anges et nous avant notre incarnation.

Avant de naître et de nous incarner, nous avons trouvé le contenu de ces cartes réalisable et avons choisi et accepté de relever le défi. Chaque être humain a reçu des cartes qui lui sont propres et adaptées. Ce n'est pas la peine de les comparer avec celles du voisin, du frère, de la sœur, du cousin, des copains… Nos cartes sont du sur-mesure pour nous.

2 - Le rattachement à un ou plusieurs anges

Lors du choix de nos cartes *Expériences*, nous avons également choisi un ou plusieurs anges pour faire équipe avec nous durant toute la partie du jeu-vie.

Nous ne sommes jamais seuls dans le jeu !

Ces anges, qui nous sont attachés bien avant notre naissance, font équipe avec nous pour que la partie se déroule le mieux possible. Ils nous aiment d'un amour inconditionnel et sont toujours là pour nous. Ils sont branchés sur notre fréquence, laquelle est adaptée à nos émotions et change d'ondulation selon les situations dans lesquelles nous nous trouvons. Nous déclenchons alors des signaux d'appel de manière consciente ou pas, qui sont captés par nos anges.

Il faut savoir que notre relation est basée sur l'équilibre. Pour entrer en relation avec eux, nous devons faire cinquante pour cent du chemin, et eux de même pour nous retrouver.

Il faut les appeler pour qu'ils puissent nous aider. C'est très important. Cette règle est commune à tous les humains. Si vous saviez le nombre d'anges qui sont au chômage car leurs protégés ne les appellent pas... Imaginons une sorte de bouton *Buzz*, on appuie virtuellement dessus et notre ange apparaît. Il faut savoir les appeler avec le cœur. Le problème de la grande majorité d'entre nous est que nous faisons appel à eux dans les cas désespérés, lorsque nous rencontrons dans notre vie des difficultés et des problèmes. Nous oublions complètement qu'ils sont avec nous depuis le début de la partie, et que nous faisons équipe avec eux.

Nous sommes tellement englués dans notre mal-être que nous sommes incapables de saisir le moindre message, aussi nous sentons-nous encore plus seuls et plus déprimés. Il faut comprendre que lorsque nous sommes perdus, au plus bas de notre forme, nous dégageons des vibrations « neigeuses » qui viennent brouiller la transmission entre les anges et nous. En revanche, je sais qu'ils perçoivent nos appels au secours, mais c'est notre réception qui alors fonctionne mal.

Il faut solliciter ses anges bien avant d'aller mal. Il faut établir un lien quotidien avec eux et, si nous prenons l'habitude de communiquer avec eux, le lien ne se rompt pas et la liaison est de meilleure qualité en cas de faiblesse de notre part.

Une fois, l'une de mes amies m'a demandé à quoi ressemblait son ange. Je me suis concentrée et, par télépathie, j'ai interrogé son ange. Voici sa réponse :

— Je suis une conscience. Je prends l'apparence qu'elle veut me donner.

3 - L'instinct de survie

Le point commun à tout un chacun dans le jeu-vie est l'instinct de survie. Nous l'avons tous reçu pour rendre la partie plus méritoire, sinon ce serait trop facile ! À la moindre difficulté ou épreuve, quand l'une des cartes *Expériences* données bien avant notre naissance arriverait dans notre vie : décès, maladie, divorce, séparation, perte d'un emploi, catastrophe naturelle... nous nous laisserions mourir pour recommencer une nouvelle partie.

Bien évidemment, nous avons tous oublié que nous faisions partie du jeu-vie, sinon notre existence serait beaucoup moins surprenante et nous nous sentirions moins impliqués. Nous serions moins enclins à faire des efforts, à nous surpasser, à nous dépasser, à nous épanouir, à nous réaliser...

4 - Le sablier du temps

Le temps nous est donc compté. De plus, ce qui corse aussi le jeu-vie, c'est que le temps n'est qu'une illusion qui nous fait croire que nous pouvons justement prendre le temps. Effectivement, parfois nous avons le sentiment que le temps n'avance pas. Nous enchaînons les périodes difficiles et nous nous demandons quand elles vont cesser. Nous aimerions alors accélérer le temps.

Le temps a ce pouvoir de nous donner l'illusion d'être long, que nous avons donc tout notre temps pour prendre des décisions, pour avancer de case mais, en y réfléchissant un peu, nous nous rendons bien compte que les mois et les années ont défilé et que le temps a passé trop vite.

Vous savez, on remet souvent à plus tard les visites aux gens qu'on aime, à nos grands-parents, à nos parents, on se dit qu'on a le temps… Il faut bien garder en tête que le temps n'est qu'illusion. Les gens qui gagnent le plus de temps sont les gens qui savent exactement dans quelle direction aller, ce qu'ils attendent de la vie et quelles sont leurs priorités. Ils doivent chercher la raison de leur incarnation sur Terre.

5 - La prise de décision et le pouvoir de création

Il faut bien avoir conscience que chacun de nous possède des cartes *Expériences* qu'il jugera difficiles une fois la partie commencée. C'est à ce moment que nous actionnerons notre libre arbitre. Nous avons le choix : qu'allons-nous faire de ces cartes ? Soit nous les brandissons à la moindre difficulté comme excuse pour être bloqué dans le jeu, pour nous mettre sur pause, soit nous les assumons, les acceptons, et nous en retirons suffisamment de force et d'enseignements pour réussir à avancer sur le chemin.

Dans le jeu-vie, nous avons des étapes à franchir et, pour chacune de ces étapes, nous avons à prendre des décisions afin de choisir la direction que nous souhaitons prendre. Nous devons nous poser les bonnes questions pour déterminer quelle personne nous voudrons être à ces moments de notre existence. Ces simples questions pourront nous aider et nous guider : Que vais-je y gagner ? Que vais-je y perdre ? Vais-je construire ou détruire ? À chaque fois que nous déciderons d'une orientation, notre responsabilité se trouvera engagée.

Dans le jeu-vie, on ne peut qu'avancer par étapes, il n'est jamais possible de remonter le temps. Nous ne pouvons pas non plus effacer ce que nous avons créé. En revanche, certaines fois, nous aurons la possibilité de réparer. Ce ne sera pas toujours le cas… Nous pouvons aussi opter pour laisser les autres humains jouer à notre place en leur laissant décider des choix pour nous. S'il en est ainsi, nous participons à notre jeu-vie en spectateur, mais c'est dommage car cela revient à passer à côté de notre vie.

Ce qui est vraiment génial dans le jeu-vie est que l'Univers nous donne exactement ce que nous voulons. Il nous donne le pouvoir absolu de créer la partie. Nous sommes « les créateurs » de notre partie du jeu-vie. Si nous sommes positifs, il nous sera envoyé du positif et si nous sommes au contraire négatifs, il nous sera envoyé du négatif. Si nous sommes convaincus intuitivement de quelque chose, il nous sera envoyé toutes les preuves que nous avons raison. Les gens qui répètent ne pas avoir de chance, avoir toujours des « tuiles » ont, comme par hasard, toujours des tuiles. Les gens qui se disent chanceux, le sont. C'est la loi d'attraction. Beaucoup de vidéos sur YouTube l'expliquent parfaitement. Il existe une puissante interaction entre l'Univers et les humains. Il y a une vidéo que je ne me lasse pas de regarder et qui s'intitule *La puissance de l'intention.*

Souvent, les gens cherchent le bonheur sans jamais le trouver. Pourtant ils le cherchent activement, en lisant des livres, en regardant des vidéos, en consultant des voyants… Mais malgré tous leurs efforts, ils ne sont pas heureux. Le bonheur ne se cherche pas, il se crée.

Un rabbin très connu explique dans ses cours que le bonheur et le malheur n'existent pas. Il démontre qu'il y a des personnes qui ont tout pour être heureuses et qui ne le sont pas et, à l'inverse, des personnes qui ont tout pour être malheureuses et qui ne le sont pas non plus. Il dit que : « Le bonheur est la relation de maturité que tu entretiens avec ton existence et que le malheur est la relation d'immaturité que tu entretiens avec ton existence. » Cela revient à dire que si nous acceptons nos cartes *Expériences* et le fait qu'elles nous sont adaptées, alors nous serons heureux.

Dans la mesure où nous créons notre vie, nous en sommes responsables. Nous pouvons passer notre temps à incriminer les autres, ce jeu-vie qui n'est pas juste, nous pouvons nous déresponsabiliser pour fuir nos échecs et nos déceptions. C'est ainsi que nous nous mentons à nous-mêmes, que nous passons à côté de notre être, de notre partie de jeu.

La vie est merveilleuse lorsque nous comprenons que nous faisons tous partie du jeu-vie et que nous en sommes même les créateurs. Parfois, mes enfants me disent : « Comment veux-tu qu'on se crée une belle journée alors qu'aujourd'hui on a des évaluations, des profs ennuyeux, il ne fait pas beau, notre meilleur pote est malade, et on va s'ennuyer ? » Je leur explique que le choix n'est pas sur les cours qu'ils vont avoir, ou sur les évaluations de la journée. Leur pouvoir de création est de décider immédiatement que la journée sera fabuleuse ou non. Si leur choix est de vouloir passer une très belle journée, leur pouvoir est alors de se dire : « Ok, durant cette journée, il va y avoir des moments difficiles à passer, mais je suis positif, je souris et je remplis mon cœur d'amour, de joie et de confiance et je me crée une très belle journée. » Bien évidemment, il faut en être convaincu pour que ça marche. Je vous assure que si les enfants ont mis toute leur intention d'amour et de lumière en arrivant à l'école, en croisant un copain dans la rue, ou en allant acheter le pain, le soir en rentrant, ils seront ravis de leur journée passée.

Souvent je leur dis : « Regardez le ciel comme il est beau ! Chaque jour, Dieu ou l'Univers arrive à créer un si beau ciel toujours différent. Pourtant c'est toujours le même support. Il nous montre que c'est possible, alors, n'oubliez pas : Soyez réalistes, demandez l'impossible ! »

6 - La sortie du jeu

Autre règle du jeu, très importante : personne ne sait à quel moment la partie sera finie pour lui. Nous pouvons être éjectés à tout moment !

Pour moi, la mort n'est pas un évènement triste. Quand j'apprends le décès de quelqu'un, je me dis : « Tiens, cette personne vient de finir sa partie du jeu-vie. Elle vient d'être sortie du jeu. » Je sais qu'elle va être accueillie par les gens qu'elle aime et qu'une fête sera organisée pour son retour.

Je pense que lorsque nous pleurons un défunt, nous pleurons surtout sur nous-mêmes : que va-t-on devenir sans lui ? Il va nous manquer, nous ne pourrons plus nous voir, plus nous appeler, nous ne pourrons plus entendre le son de sa voix, écouter ses conseils, rire ensemble... Le décès d'un proche peut aussi entraîner des problèmes financiers, matériels, etc. La perte d'un proche engendre une grande souffrance ; nous pouvons nous sentir abandonnés, perdus, anéantis, seuls, oubliés, mal-aimés, trahis... Cependant, la plupart des défunts viennent me dire qu'ils sont heureux, qu'ils vont bien, qu'il ne faut pas s'inquiéter pour eux. Certains travaillent, d'autres continuent de peindre, de jouer de la musique, de se promener... Mais, malgré ces beaux messages, les vivants vont mal, ils ne pensent qu'à leur souffrance, au manque qu'ils ont dans leur vie. Certains peuvent tomber en dépression, se renfermer sur eux-mêmes. Rares sont les personnes qui se disent en pensant à leurs proches décédés dont ils ont eu des nouvelles par l'intermédiaire d'un médium : « Il ou elle va bien, super ! Je vais aussi aller bien et poursuivre ma partie du jeu-vie jusqu'à ce que pour moi aussi le jeu s'arrête. »

Je me souviens de la visite de Martine, une quadragénaire, obèse, peu soignée dans sa tenue, décoiffée, les traits tirés, qui est arrivée un jour chez moi, anéantie. Sa mère, Odette, âgée de soixante-dix, ans était décédée quelques mois auparavant et depuis, elle vivait dans une souffrance atroce. Elle était inconsolable.

À peine arrivée, Martine m'a fait part de la relation fusionnelle qu'elle entretenait avec sa mère depuis toujours. Elle ne vivait que pour elle et à travers elle, allant jusqu'à dormir dans le même lit. Sa mère était sa raison de vivre et tout son temps libre lui était consacré car, handicapée, elle ne pouvait plus bouger de son lit (Martine n'exerce toujours pas, à ce jour, d'activité professionnelle). Devant tant de souffrance, je lui ai demandé si elle était entourée, si elle avait des enfants, des amis ou de la famille. Elle m'a répondu qu'elle avait une fille de dix-huit ans mais que, bien que gentille, sans rien avoir à lui reprocher, elle ne lui portait aucun intérêt. Pour ce qui était des amis ou de la famille, depuis le décès de sa mère, elle s'était disputée avec tout le monde. Je sentais son agressivité alors qu'elle me parlait. Elle allait très mal.

Elle m'a raconté que, quelques mois auparavant, sa mère se portait très bien quand elle a commencé à se plaindre de douleurs abdominales. Les médecins, ne trouvant pas ce dont elle souffrait, mais jugeant son cas sérieux, ont décidé de « l'évasaner » (évacuation sanitaire) en Australie pour y effectuer des examens complémentaires.

Il faut savoir qu'en Nouvelle-Calédonie, lorsque les gens souffrent de maladies graves, ou quand nous n'avons pas le matériel adapté pour les soigner correctement, ils sont pris en charge et envoyés chez nos voisins australiens plus à la pointe du progrès que nous.

À Sydney, après trois jours d'examens complémentaires en tous genres, aucun diagnostic n'a pu être établi et on a renvoyé Odette chez elle. Mais, deux jours après son retour à Nouméa, elle est décédée. Martine était en colère contre les médecins, contre la CAFAT, qui est l'équivalent de la sécurité sociale métropolitaine. Elle souhaitait porter plainte contre toutes les personnes qu'elle jugeait responsables du décès de sa mère. Elle était profondément indignée, révoltée par tous ces gens incapables qui avaient tué sa mère.

Après s'être vidée de sa douleur, elle m'a indiqué qu'elle attendait de cette séance de pouvoir savoir si sa mère allait bien. J'ai fermé les yeux et je me suis connectée à Odette. J'ai ressenti une dame heureuse, soulagée d'être partie, en pleine forme. Elle ne souffrait plus, n'était plus paralysée, elle avait retrouvé l'une de ses cousines préférées et elle s'amusait. Elle m'a dit que même si elle avait la possibilité de réintégrer son corps, elle ne le ferait pas tant elle était heureuse. Elle était débarrassée de tous ses soucis et elle était légère.

J'ai transmis ces informations à Martine qui était tellement en colère et désespérée qu'elle n'était pas en mesure d'entendre et d'accepter que sa mère se porte bien sans elle. Elle a réattaqué immédiatement sur le fait qu'elle voulait aller voir la police pour porter plainte contre les médecins. Elle parlait fort, criait sa colère, son indignation et sa souffrance. Avec beaucoup de douceur, je lui ai réexpliqué que sa mère était heureuse et qu'il fallait qu'elle aussi crée de la joie dans sa vie, et qu'il était peut-être temps qu'elle s'occupe de sa fille. Elle n'a rien répondu à cela, mais elle m'a regardé et elle m'a dit :

— Je suis très déçue de cette séance, je voulais juste savoir si maman allait bien et je ne le sais toujours pas.

Elle a pris son sac à main et elle est partie de chez moi aussi en colère qu'à son arrivée. Je suis restée interloquée. Je n'ai pas compris tout de suite sa réaction. C'est en y repensant et en parlant aussi avec des personnes qui ont vécu des traumatismes suite au décès d'un proche que j'ai compris que certains sont dans une telle souffrance qu'ils ne veulent sincèrement pas que le défunt soit heureux dans l'au-delà sans eux. Certaines personnes ont tellement mal, se sentent tellement seules, tellement abandonnées qu'elles ont besoin de savoir que l'être cher est inconsolable. Il est cruel pour elles d'entendre qu'il va bien.

Je vous rappelle qu'au moment du décès d'une personne, celle-ci a presque immédiatement connaissance du fait qu'elle participait au jeu-vie. Elle est prise dans le tourbillon des retrouvailles, des rires, de la fête qui est organisée pour son retour. Elle nous oublie, nous humains, pendant un temps, celui de comprendre tout cela. Puis elle réapparaît très vite, assiste à son enterrement, mais elle est alors dans l'énergie d'avoir terminé le jeu-vie. Nous qui sommes encore dedans nous nous disons : « Oh, comme il ou elle doit être triste d'être parti, d'être mort et de nous laisser. » Eh bien, je sais qu'il va être violent pour certains d'entre vous de l'apprendre, mais non, la personne décédée n'est pas vraiment triste à l'égard de ceux qui restent.

Les anges m'ont envoyé l'image du jeu-vie comme un jeu de petits chevaux. Le but de la partie est bien évidemment de réussir à faire faire tout le tour du plateau à ses pions et à les faire monter un à un tout en haut. Chaque pion représente une carte *Expérience*. En fait, il symbolise chaque défi que nous sommes venus affronter. Et quand nous échouons, que nous ne comprenons pas ce que nous avions à apprendre de cette expérience, notre pion retourne sur la case *Départ*.

Voilà pourquoi certaines personnes revivent toujours les mêmes galères, les mêmes situations, comme, par exemple, des échecs amoureux, des disputes avec autrui, etc. Nous avons l'impression qu'elles sont dans un cercle vicieux dont elles n'arrivent pas à sortir. La raison en est toute simple : elles n'ont pas compris l'enseignement, donc leur pion repart à zéro et ce, indéfiniment, jusqu'à ce qu'elles en prennent conscience, disent « stop » et commencent à agir différemment pour ne plus tomber dans les pièges du jeu-vie. Car, forcément, il nous est envoyé des pièges, des tests, sinon ce serait trop facile ! Ces pièges pimentent la partie. Il nous revient d'apprendre à bien nous connaître pour pouvoir les déjouer. Alors notre pion peut atteindre la case *Arrivée*.

Chaque joueur bénéficie d'un chronomètre qui lui est propre. Ce chronomètre se déclenche à sa naissance et s'arrête à la fin du jeu-vie. Attention, chaque humain ne bénéficie pas de la même durée. Le but est que chaque joueur s'applique à faire faire tout le tour du plateau à tous ses pions, ou au moins à certains, essentiels à son jeu-vie, avant la fin de son chronomètre, marquant ainsi la fin de sa partie. Il arrive très régulièrement que la partie prenne fin avant que tous les pions soient arrivés sur la dernière case. Mais je crois en la réincarnation, et je suis persuadée que les défis manqués dans cette partie seront rejoués lors de notre prochaine incarnation.

Cependant, bien évidemment ce n'est pas parce qu'un joueur sort du jeu-vie que la partie est pour autant terminée. Les autres continuent de jouer en attendant la fin de leur chronomètre. Pensez-vous que le joueur qui a gagné et qui est sorti du jeu a de la peine pour ceux qui n'ont pas fini de jouer ? Pensez-vous qu'il se dit : « Oh les pauvres, ils n'ont pas encore fini de jouer, je suis malheureux pour eux » ? Bien sûr que non, il est content d'avoir gagné, d'avoir terminé sa partie et il encourage les autres, leur donne des conseils pour faire avancer tel ou tel pion. Il les soutient.

Eh bien, c'est exactement ce qui se passe avec les personnes décédées. Une fois dans l'au-delà, elles comprennent tout, se rappellent les cartes *Expériences* attribuées avant leur naissance, se souviennent des expériences qu'elles avaient choisi de vivre sur terre, refont tout leur parcours du jeu-vie.

Nos défunts sont, pour la plupart, heureux d'avoir terminé leur partie. Après leur décès, ils veillent sur nous, nous envoient des signes, nous font parvenir de la force, de la lumière, des intuitions. Ils continuent de nous voir évoluer dans notre vie. Ce qui peut les rendre tristes, c'est de nous voir nous déchirer pour un testament, pour un héritage, et de se rendre compte que l'union d'une famille n'existe plus après leur décès. Ces attitudes les blessent et les peinent.

J'évite d'aller aux enterrements, car je suis en décalage avec les autres. Je suis connectée avec la personne décédée, je la sens heureuse d'avoir retrouvé sa famille, ses amis, parfois des enfants. Je suis baignée de joie. Vous imaginez aisément le déphasage que j'éprouve. Je me dois d'arborer un visage triste, alors que je ne le souhaite pas puisque dans mon cœur je suis transportée de joie. En revanche, bien évidemment, j'éprouve de la tristesse pour les proches qui sont malheureux. J'ai de la peine en voyant les personnes présentes tristes, perdues, en larmes… Je comprends que leur vie ne sera plus jamais la même.

Malheureusement, toutes les âmes ne parviennent pas à la lumière à la fin de leur jeu-vie. Lorsque le chronomètre s'arrête, un puits de lumière apparaît en face de nous et il nous revient la décision de l'emprunter ou non. Toutefois, certaines âmes qui ne choisissent pas cette option se transforment en âmes errantes et restent coincées sur Terre.

Voici deux hypothèses expliquant les raisons qui mènent certains défunts à ne pas emprunter le chemin de la lumière. Tout d'abord, certains défunts peuvent refuser d'emprunter le puits parce qu'ils sont retenus par les vivants. Nous avons en effet la faculté de retenir les âmes de nos défunts en refusant l'idée de leur mort, en refusant de les laisser partir pour être heureux sans nous. Notre peine peut être si intense qu'ils n'arrivent pas à voir le puits de lumière et à s'élever. Leur âme reste alors coincée ici, elle erre et dégage une énergie lourde et pesante. Elle est prisonnière et, par là même, emprisonne également l'âme de ceux qui la retiennent. C'est malsain et personne ne va bien. Les gens deviennent moroses, n'ont plus goût à la vie et se laissent aller. J'encourage sincèrement ces personnes à libérer l'âme de leurs défunts en les autorisant à partir, en appelant les anges pour qu'ils viennent les chercher, en créant de la positivité, un puits de Lumière. En libérant l'âme de l'être aimé, vous libérez la vôtre.

Et puis, il y a ceux qui ont pu décéder brutalement, violemment, par exemple d'un accident, et qui trouvent injuste leur mort, car ils avaient encore des choses à accomplir sur Terre. C'est l'idée d'une mission non terminée... Pour ces personnes-là, il faut allumer des bougies et les aider à partir en leur créant de la lumière. Il faut les rassurer du mieux possible, leur assurer qu'ils vont trouver une place dans l'au-delà et qu'ils y seront bien.

Vous avez aussi la possibilité de consulter un médium qui s'assurera que la personne est bien partie.

Fort heureusement, la très grande majorité de nos défunts trouve le chemin de la lumière. Des êtres chers viennent les chercher, et tout se passe bien. L'amour est le vecteur de lumière. Si la personne qui décède est entourée d'amour, il n'y a aucune raison pour qu'elle ne trouve pas la paix instantanément. C'est l'amour qui relie nos deux mondes.

J'aime une grande partie de l'œuvre de Johnny Hallyday, ma fille s'appelle Laura, en référence à la chanson écrite par mon artiste préféré : Jean-Jacques Goldman. Avec le décalage horaire, nous étions en fin d'après-midi, ce mercredi 6 décembre 2017, lorsque j'ai appris son décès. Je me suis dit : *Oh, ils le font déjà sortir du jeu* ! J'ai éprouvé de la peine pour toutes les personnes qui seraient malheureuses du fait de sa disparition. Je me suis connectée à l'au-delà pour lui envoyer beaucoup d'amour et de lumière et pour lui souhaiter bon voyage. Il m'a alors été permis d'avoir une vision sur l'énorme projecteur de lumière qui recouvrait toute la surface de la France. Ce projecteur de lumière provenait des millions de prières qui lui étaient adressées. Ce n'étaient pas des filaments de lumière clairsemés par-ci-par-là, c'étaient des millions de filaments qui, côte à côte, créaient une immense masse de lumière qui s'élevait dans le ciel. C'était grandiose, magnifique et émouvant. J'avais les larmes aux yeux de voir à quel point Johnny était un homme aimé.

Dans les pages qui vont suivre, je vais m'efforcer de vous faire comprendre, au moyen d'exemples concrets, comment les personnes décédées et les anges nous viennent en aide dans notre quotidien.

CHAPITRE II.

Aide apportée par les défunts à leurs familles lors de consultations médiumniques

1. Sandra : une grossesse inespérée

La première histoire que j'ai envie de vous faire partager est celle de ma meilleure amie, Sandra.

J'ai rencontré Sandra quelques mois après mon arrivée à Nouméa, en 1999. J'avais vingt-deux ans et elle quatre ans de plus. Elle avait été embauchée dans le cabinet d'avocats où je travaillais comme juriste en droit des sociétés. Dès que je l'ai vue, j'ai eu un coup de foudre amical pour elle. De son côté, dès la fin de la première semaine, elle m'a invitée chez elle à dîner. Depuis cette époque, nous ne nous sommes plus jamais quittées. Nous avons découvert la Nouvelle-Calédonie ensemble et partagé de nombreux fous rires. Elle est la sœur que je n'ai pas eue. Nous avons une très belle complicité et nous sommes très complémentaires.

Sandra m'a rapidement confié que son plus grand rêve était d'avoir un enfant, mais ses tentatives restaient vaines. Pourtant, elle m'a avoué qu'elle n'avait aucun problème médical. Elle le savait car elle était déjà tombée enceinte à dix-neuf ans. Mais, comme elle n'était pas mariée, par convention sociale, elle avait préféré avorter, sans savoir que cet acte la traumatiserait et bloquerait sa fertilité. Chaque mois, ses espoirs s'effondraient ; elle devenait agressive au moment de ses menstruations et se montrait aigrie à l'annonce de toutes les grossesses dans son entourage.

Un dimanche matin de novembre 2007, elle est venue me demander de l'aide. Elle pleurait.

— Aide-moi, c'est trop dur, cela fait quatorze ans que je pleure, que j'attends l'arrivée d'un enfant, je ne me supporte plus, je ne me reconnais plus, je ne suis plus moi-même.

Comme je n'avais pas encore mon petit bureau dans lequel j'aime m'isoler, nous nous sommes installées toutes les deux devant ma table de salle à manger. Je ne savais pas comment l'aider, qui appeler pour elle. Faisant le vide dans ma tête pour demander l'aide de l'au-delà, m'est venu à l'esprit son grand-père, Maurice, dont elle était très proche avant son décès. Je sais qu'elle lui a dédié une étoile dans le ciel. J'ai ressenti sa présence, alors je lui ai expliqué que sa petite fille avait besoin de son aide. Il m'a répondu :

— Sandra doit prendre des fleurs, gravir une montagne. Là, elle s'agenouillera et elle offrira les fleurs en levant les bras au ciel. Elle fera la paix avec Dieu.

Le contact s'est arrêté avec ce message que je trouvais un peu bizarre et un peu facile. Mais bon, je me devais de répéter fidèlement ce que j'avais entendu. Sandra m'a expliqué qu'elle n'avait pas envie de répondre à cette demande toute seule. Je lui ai donc proposé de l'aider tout en admirant les magnifiques bougainvilliers de mon jardin en pleine floraison. Sandra en a coupé plusieurs branches, ça ferait l'affaire. J'ai demandé à mon mari, Christophe, de veiller sur nos enfants et nous voilà toutes deux parties au rond-point de la Vierge, à deux cents mètres de chez moi, un endroit qui ressemble à une colline.

Sur le chemin, j'ai pris le temps de fermer les yeux. Aussitôt s'est imprimée dans ma tête une scène, un tableau. J'étais spectatrice d'un groupe de personnes qui écoutaient les propos d'un homme très grand. Elles suivaient attentivement ce qui semblait être un enseignement. J'ai ressenti que cet homme détenait une haute fonction, qu'il était très respecté. Je n'avais pas accès à ce qu'il disait. Personne ne semblait se rendre compte que j'étais là quand, soudain, il s'est tourné un très court instant vers moi, ce qui a laissé les autres imperturbables. Soit je ne les intéressais pas, soit elles ne me voyaient pas.

— C'est moi qui accepte cette mission, je vais descendre sur Terre.

Ce sont les seules paroles qu'il m'a adressées et il est retourné vers ses interlocuteurs. La vision s'est arrêtée net et j'ai rouvert les yeux.

— Sandra, un fils va t'être envoyé.

— J'aurais préféré une fille, mais bon, je ne vais pas faire ma difficile.

Arrivée sur la petite colline, elle s'est agenouillée, elle a déposé les fleurs et elle a levé les bras au ciel, comme son grand-père le lui avait indiqué. À ce moment-là, je me suis sentie comme éjectée de la scène. J'étais de trop. Dieu voulait être seul avec elle. Mais ce n'était pas vexant, c'était naturel et bienveillant. J'ai fermé les yeux et, d'un seul coup, j'ai fait partie intégrante d'une nouvelle scène. J'étais entourée par de nombreuses personnes. C'était des membres disparus de la famille de Sandra. Et cette fois-ci j'étais vue et acceptée. J'ai entendu les « you, you, you » des femmes juives. (Sandra est juive.)

J'ai entendu une femme dire :

— Nous allons faire une grande fête pour dire au revoir à l'âme qui descend sur terre.

J'étais très émue, j'avais les larmes aux yeux, les gens étaient heureux. J'ai ressenti une joie immense et j'ai compris qu'il s'agissait d'un très grand évènement pour eux et qu'il allait demander d'importants préparatifs. J'ai ouvert les yeux pour voir où en était Sandra. Elle s'est relevée et je lui ai demandé ses impressions. Elle m'a expliqué qu'au moment où elle avait levé les bras, une immense chaleur l'avait envahie, mais c'était tout. De mon côté, c'était beaucoup plus fort. J'étais stupéfaite de ce qu'il m'avait été permis de vivre. J'avais d'ailleurs beaucoup de mal à remettre les pieds sur terre. J'avais envie d'être encore avec eux. J'avais envie de participer à la fête. Des émotions très fortes m'accompagnaient. J'étais excitée et joyeuse, mais c'était plus que cela, je n'arrivais pas à décrire l'intensité de mes émotions.

Ces profonds sentiments de joie d'amour, de confiance, de paix et de lumière m'ont transportée et laissée dans une forme de béatitude pour le restant de la journée. Je n'avais vraiment aucune envie que cela s'arrête. J'avoue que je n'ai pas profité de ma famille durant les heures qui ont suivi tant je me sentais ailleurs, sur mon petit nuage. J'ai appris ce jour-là que les âmes choisissent le moment de leur incarnation ainsi que leurs parents.

Dans l'exemple de Yann, l'enfant qui allait naître quelque temps plus tard, ce dernier n'a demandé à personne l'autorisation de s'incarner. Il ne m'a rien dit d'autre, ni « Bonjour », ni « Que fais-tu là ? ». Rien de plus que cette phrase : « Je vais descendre sur terre. » Puis il a repris sa conversation sans plus faire attention à moi. De toute façon la vision s'est arrêtée là. Les personnes avec lesquelles il échangeait m'ont à peine regardée lorsqu'il est venu me parler. J'ai simplement senti que je les avais dérangées dans leur « réunion ».

Une grande fête allait donc être organisée pour le départ de l'âme. Mais la vision s'est coupée avant que je ne voie les préparatifs de celle-ci. Je pense que je n'avais pas le droit d'y accéder, ou bien c'est Sandra qui, en se relevant, a fait que j'ai été déconnectée.

J'ai conclu de cette vision que l'incarnation est considérée comme un moment joyeux et festif : l'âme part en voyage et on lui dit au revoir. Il y a beaucoup d'émotion.

Le lendemain, toujours en vision, ils m'ont permis d'assister à une incarnation d'âme. J'ai vu un homme en robe jaune et blanche traverser un tunnel, accompagné de son ange gardien. Comment est-ce que je sais que c'est son ange gardien ? Une conviction, c'est tout.

Cette incarnation n'avait rien à voir avec Sandra. J'ai eu le sentiment qu'ils m'avaient donné ainsi un complément d'information. Je suis convaincue que le tunnel de la mort qui est décrit dans les livres est le même tunnel que l'on emprunte au début de notre vie. À l'aller comme au retour nous ne sommes pas seuls. Notre ange est là.

Yann est né le 3 juin 2009. J'ai assisté à l'accouchement et j'ai coupé son cordon ombilical. C'est son père qui a choisi le prénom. Plus tard, Sandra en a cherché la signification hébraïque. « Yann » signifie : « Dieu fait grâce ».

Bien sûr, je me suis longuement interrogée sur le temps écoulé entre la vision et le moment où Sandra est tombée enceinte. D'ailleurs, une autre amie, qui était dans la confidence de ma vision, m'en voulait de l'espoir que j'avais fait naître et qui ne se concrétisait pas. Sandra est tombée enceinte dix mois après ce jour. Soit encore neuf espoirs déçus lorsqu'elle avait un ou plusieurs jours de retard de règles.

Deux mois avant l'annonce de la bonne nouvelle, les anges m'ont envoyé une image de Sandra entourée de deux enfants. Il y avait un garçon d'environ cinq ans et, dans ses bras, un autre enfant de quelques mois. J'ai su qu'elle aurait donc deux enfants. Mais quand ? Je me souviens que, plus le temps passait, plus nous commencions à avoir des doutes sur mon ressenti, j'ai donc encouragé Sandra à faire une FIV. Elle a alors décidé de mettre cette procédure en place avec son compagnon.

Alors que le médecin l'avait déjà mise sous traitement, j'ai remarqué que son visage avait changé. Je l'ai alors encouragée à faire un test de grossesse. Une intuition. Elle n'en avait pas trop envie. Combien de tests de grossesse lui avais-je déjà fait faire en vain, car à chaque retard de règles j'étais persuadée que cette fois c'était la bonne ? Combien d'espoirs avais-je déjà nourris ? Combien de déceptions avaient suivi ?

Je me souviens parfaitement qu'un mercredi je l'ai vue arriver chez moi à 14 heures alors qu'elle était censée être au travail. J'étais très inquiète et je lui ai demandé ce qui lui arrivait. Elle s'est jetée alors dans mes bras et elle m'a crié : « Je suis enceinte ! » Quel magnifique moment ! Elle m'a raconté alors qu'elle était rentrée déjeuner chez elle et qu'elle avait finalement accédé à ma demande en s'arrêtant à la pharmacie en chemin. Elle avait fait le test avant son repas et elle l'avait oublié. C'est en allant se brosser les dents qu'elle avait vu le résultat positif. Elle a donc foncé chez son gynécologue, qui, très sympa, l'a prise entre deux patientes pour lui faire une échographie sur laquelle on pouvait voir un minuscule embryon. Suite à cette nouvelle, elle a téléphoné à son patron qui l'a autorisée à prendre son après-midi. Nous l'avons passée toutes deux à nous promener place des Cocotiers, en plein centre de Nouméa. Il faisait très beau et nous étions sur un nuage.

Pour en revenir à la notion de temps, je dois vous avouer que je n'ai aucune idée de la perception du temps entre eux et nous. Peut-être que le temps n'existe pas, peut-être que ce que nous vivons comme une année ne représente qu'une poignée de secondes pour l'univers.

Je me demande si les fêtes d'au revoir de l'âme ont lieu bien avant que nous, humains, ne décidions de concevoir un enfant. Parfois, nous pouvons être surpris d'apprendre la grossesse de quelqu'un alors que, dans l'au-delà cela fait un bon moment que la fête de départ a été célébrée. Qui sait ?

Sandra s'est séparée du papa de Yann et a rencontré un nouveau compagnon. Tous deux avaient très envie d'un enfant. Sandra est alors tombée très facilement enceinte. J'étais persuadée qu'elle aurait un autre petit garçon, car, dans ma vision de l'époque, j'avais vu dans ses bras un enfant aux cheveux courts. Puis j'ai entendu dans ma tête la même voix familière me dire : « Qui te dit que c'est un garçon ? » Du coup je me suis dirigée vers Sandra pour lui annoncer qu'elle attendait une petite fille. Effectivement, son gynécologue lui a confirmé la nouvelle lors du rendez-vous suivant.

Cependant, au deuxième trimestre, Sandra a attrapé la toxoplasmose. Nous étions tous très inquiets car, alors qu'elle avait déjà fait une première amniocentèse, elle devait en subir une seconde. Il faut de plus attendre un mois pour en connaître les résultats et savoir ainsi si le bébé est contaminé ou pas.

Sandra ne pouvait pas se réjouir de sa grossesse, elle ne savait pas si la petite serait handicapée, et elle se préparait au pire. Elle me rendit visite pour papoter et pour partager ses angoisses et son stress. J'ai décidé de la faire s'allonger sur mon canapé et de poser mes mains au-dessus de son ventre. Très facilement, je me suis connectée à l'âme du bébé. Je l'ai entendu me dire :

— Va dire à ma mère que je vais très bien, qu'elle m'attende, car j'arrive !

Je l'ai ressentie pleine de vie, très joyeuse et très impatiente d'arriver. En effet, une semaine plus tard, Sandra a eu la confirmation par son médecin du bon état de santé de sa petite-fille.

Une autre fois j'ai de nouveau ressenti Manon, mais dans ma vision, elle était déjà adulte et elle avait un caractère autoritaire et déterminé. Elle me disait que ses parents étaient destinés à rester ensemble et qu'elle y veillerait.

Manon est née en pleine santé. Le jour de l'accouchement, je me suis rendue à la maternité pour la prendre dans mes bras. Quand nos regards se sont croisés, j'ai su qu'elle m'avait reconnue. Nous avons eu un échange très intense.

Avec Manon, j'ai appris que l'âme d'un enfant peut échanger et passer des messages avant sa naissance.

2. La fin programmée du jeu-vie

Je ne sais jamais à l'avance comment une consultation va se dérouler. La magie est là justement car ce sont les anges ou les personnes décédées qui décident s'ils ont, ou non, des messages à transmettre et s'ils seront là. On ne peut pas les forcer.

Au cours d'une séance avec une jeune femme, j'ai ressenti la présence d'un jeune homme décédé. D'après ma description, elle a compris qu'il s'agissait de son meilleur ami qui s'était suicidé quelque temps auparavant. Je l'ai ressenti en paix, mais il désirait que ses parents viennent me voir car il avait des choses à leur dire.

Visiblement l'information est passée car, quelques semaines plus tard, un couple a pris rendez-vous sans m'en donner la raison. En raccrochant, mon ange m'a prévenue que c'était les parents de Sébastien. Je les ai attendus avec impatience, tant je ressentais que nous allions vivre des émotions intenses. Sébastien était avec moi et il avait aussi hâte de pouvoir leur parler.

Ils sont arrivés en fin d'après-midi. Pour se rendre chez moi, il faut descendre une pente de garage. J'ai donc vu arriver un homme et une femme très distants l'un de l'autre. Ils n'étaient pas à l'aise. D'après leurs tenues, j'en ai déduit que c'était des gens très modestes.

Lorsque je suis allée à leur rencontre pour les accueillir, ils se sont montrés intimidés et mal à l'aise. Ils m'ont prévenue que Sébastien était leur fils. J'ai essayé d'être rassurante et la plus enveloppante d'amour possible. J'ai compris qu'ils étaient bouleversés et gênés, alors je les ai assurés que la consultation allait bien se passer.

Je ne consulte jamais avec plusieurs personnes dans la même pièce, car j'ai appris que je captais ainsi les fréquences de tout le monde, lesquelles pouvaient m'embrouiller. J'ai donc reçu en premier la mère, une femme de forte corpulence à laquelle il manquait des dents. Elle n'était pas à l'aise et il se dégageait d'elle une véritable souffrance. Elle s'est assise en face de moi et je lui ai souri. Sébastien, qui ne m'avait pas quittée de l'après-midi, s'est placé à côté d'elle. Mon corps entier s'est mis à frissonner. J'avais conscience que j'entrais dans leur intimité. Dans ces moments-là, j'aimerais être transparente pour ne pas déranger.

J'ai expliqué à cette dame que son fils allait bien et qu'il était à ses côtés. J'ai capté ses émotions. Il est allé droit au but. Il lui a demandé pardon. Il n'avait pas prémédité son acte, c'est pour un chagrin d'amour qu'il s'était pendu. Il l'a remerciée d'avoir été sa mère. Cette dernière pleurait beaucoup, elle laissait s'exprimer toute sa souffrance de mère. J'étais désolée pour elle et je compatissais à sa douleur. Gentiment, je lui ai tendu mon paquet de mouchoirs. Même pour moi, il n'était pas facile d'assister à cet échange. C'était très personnel et je savais que j'étais là uniquement pour faire le lien entre eux. J'ai ressenti une grande complicité entre cette mère et son fils, leur échange était tendre et doux. Sébastien était maître de ses émotions. Il m'a demandé de passer le message suivant :

— Maman, j'ai beaucoup de peine, car avec papa, vous ne vous parlez plus. Je vous vois chacun de votre côté dans les pièces de la maison. J'aimerais que vous vous retrouviez. Vous êtes devenus des étrangers l'un pour l'autre. Cette situation m'attriste beaucoup.

La mère pleurait en silence. Elle n'arrivait pas à me regarder tant elle avait de chagrin. Cependant, elle est arrivée à m'expliquer qu'effectivement chacun gérait sa douleur comme il le pouvait. De son côté, elle avait besoin de parler de son fils très souvent, alors que son mari s'était muré dans le silence. Elle m'a raconté que la veille de son suicide, Sébastien était venu chez eux. Un pique-nique était prévu le lendemain et elle était en train de préparer le repas quand il était passé la voir, et elle n'avait rien remarqué d'anormal. Elle s'en voulait de cela, de ne pas avoir ressenti la détresse de son fils. Ah, si seulement elle pouvait remonter le temps, m'a-t-elle dit. Ils avaient seulement parlé des amis qui allaient venir au pique-nique. Après sa visite chez ses parents, Sébastien était rentré chez lui et il s'était pendu. Il n'avait laissé aucune lettre, aucune explication. Tout ce que l'entourage savait, c'était qu'il vivait une grosse peine de cœur. Sébastien n'avait rien d'autre à lui dire, mis à part qu'il allait bien et qu'il l'aimait. La mère était tellement attristée qu'elle n'avait rien à demander ou à ajouter et elle a cédé alors la place à son mari.

C'est un monsieur pudique et discret qui s'est assis devant moi. Il baissait la tête et ne me regardait pas. Il émanait de lui une grande souffrance intérieure. Il ne parlait pas, il tremblait. Je lui ai gentiment expliqué que j'entrais en contact avec les défunts, que son fils était là et qu'il voulait lui parler. Il a acquiescé. J'avais autant la gorge nouée que lui, sa souffrance me transperçait. J'ai fermé les yeux et j'ai attendu que Sébastien me fasse passer ses émotions.

Sébastien lui a confié qu'il l'aimait, même s'il reconnaissait qu'il n'y avait pas beaucoup d'échanges entre eux. Le père s'est mis à pleurer. Il m'a expliqué que c'était vrai, qu'ils ne parlaient pas tous les deux. Sébastien a poursuivi :

— On ne s'est jamais compris tous les deux. On a passé notre vie côte à côte sans vraiment rien partager, je le regrette. J'ai de la peine lorsque je constate qu'avec maman, vous ne vous parlez plus, que vous ne vous regardez plus, c'est dommage, j'aimerais tant que ça change…

Le père ne pouvait pas s'arrêter de pleurer et il opinait de la tête à tout ce que je lui disais. Il était incapable de répondre quoi que ce soit. Après un moment, je lui ai demandé s'il avait des choses à dire à Sébastien, mais il a fait « non » de la tête. Alors il s'est levé et il est allé ouvrir la porte de mon bureau. Son épouse l'attendait à l'extérieur. Ils m'ont remerciée et saluée.

Quand ils sont repartis, et c'est là mon meilleur souvenir, ils ont remonté mon allée main dans la main, l'un contre l'autre. C'était vraiment émouvant. Je les ai regardés marcher tous deux. De nouveau, ils ne faisaient plus qu'un. Leur fils, de l'au-delà, avait réussi à les réunir de nouveau. Je ne les ai jamais revus. Je ne sais pas si leur quotidien a changé. Mais dans mon cœur, à cet instant, une joie immense rayonnait. J'étais heureuse d'avoir partagé ce moment avec eux. Ce sont des gens que je n'ai vus que durant deux heures, mais je conserve à leur égard beaucoup d'amour.

J'aimerais maintenant revenir quelques secondes sur le fait que Sébastien allait très bien et ce, malgré le fait qu'il se soit suicidé. Il ne faut pas croire que tous les suicidés ne trouvent pas le chemin de la lumière. Comme je l'ai expliqué plus haut, la très grande majorité de nos défunts trouve ce chemin. Si la personne qui se suicide est suffisamment aimée et si les gens autour d'elle lui envoient beaucoup d'amour et de lumière, sans la culpabiliser, alors elle part automatiquement vers la lumière.

Nous avons le droit d'échouer dans notre jeu-vie. L'instinct de survie est intégré en chacun de nous pour que nous tenions le plus possible dans cette vie et à cette vie... Après, il peut y avoir des fois où le jeu-vie se déconnecte...

3. Un amour perdu

J'ai reçu un appel d'un monsieur qui souhaitait me rencontrer. Sa voix était douce, il ne parlait pas fort au téléphone. Nous avons convenu d'un rendez-vous.

Le jour J, j'ai vu un mélanésien d'environ trente-cinq ans descendre la pente qui mène à mon bureau. C'est un homme négligé qui a pénétré dans ma petite pièce. Il n'était pas rasé, il portait une coupe afro, il sentait la transpiration, et ses habits n'avaient certainement pas été changés depuis plusieurs jours... À ce moment, je ne savais pas pourquoi il venait me voir, et j'espérais de tout mon cœur que la bougie parfumée que j'avais allumée avant son arrivée m'aiderait à me concentrer.

À peine assis, il s'est mis à pleurer. Des larmes lourdes de souffrance, des larmes de colère et d'incompréhension aussi. Je l'ai regardé, surprise, et je l'ai invité à m'expliquer ce qui n'allait pas dans sa vie. Il est parvenu à se calmer et à murmurer tout bas qu'il venait d'enterrer sa femme et qu'il se retrouvait seul avec son fils,

Joseph, âgé de huit ans. Surya, sa femme, avait des problèmes de santé, mais les médecins ignoraient de quoi elle souffrait. Le jour de l'An, comme elle ne se sentait pas bien, Melchior avait décidé de la conduire sans perdre de temps à l'hôpital. Les médecins, ne trouvant rien, l'avaient renvoyée à son domicile. Elle était décédée le lendemain…

Je n'ai jamais vu un homme pleurer autant. Comment pouvait-il aimer une femme à ce point ? J'en étais tout émue et retournée. Après avoir écouté Melchior me raconter son histoire, je lui ai expliqué que j'allais tenter de ressentir Surya. Il m'a tendu alors la photo d'une jeune femme qui ne souriait pas et qui regardait l'objectif assez froidement. J'aurais aimé avoir une autre photo comme support, avec une personne plus avenante et plus souriante. Lorsqu'on m'apporte des photos de défunts, j'aime bien pouvoir choisir celle avec laquelle je me sens le plus connectée, mais il n'avait apporté que celle-là. J'allais devoir faire avec.

J'ai soufflé, je me suis détendue, j'ai fermé les yeux et j'ai respiré lentement. Je ne voulais pas le décevoir tant son chagrin me touchait. Je souhaitais absolument pouvoir le réconforter en ressentant la présence de Surya. J'ai eu beaucoup de chance car dès que j'ai fermé les yeux et que je me suis concentrée, elle est apparue à côté de

Melchior. J'ai ressenti instantanément l'amour immense qu'ils éprouvaient l'un pour l'autre. Surya m'a simplement dit qu'elle était triste de voir son mari dans cet état, mais elle lui avait confié son fils pour qu'il s'en occupe du mieux possible. Elle avait accepté son départ. Je lui ai demandé qu'elle m'aide à transmettre à Melchior le sens de son décès pour qu'il arrive lui aussi à l'accepter. Malheureusement, elle n'a pas répondu à cette question. Melchior était si mal que j'ai demandé à Surya si elle pouvait lui faire un signe. Elle m'a demandé de poser mes mains sur ses épaules pour qu'il ressente sa chaleur à elle. Je me suis exécutée et Melchior a ressenti alors une grande chaleur le traverser. C'est un peu plus apaisé qu'il est reparti ensuite chez lui.

La semaine suivante, il est revenu me voir, mais ce n'est plus du tout le même homme qui s'est présenté à moi. Il était rasé de près, ses cheveux étaient coupés, il sentait bon et il portait des vêtements impeccables. Son sourire était éclatant : des dents très bien alignées et très blanches. J'avais l'impression d'avoir Denzel Washington devant moi. Waouh ! Mais sa détresse et sa douleur m'ont vite remis les pieds sur terre, loin des films hollywoodiens. Melchior a passé toute l'heure de la séance à pleurer. Surya, avec laquelle j'ai réussi à me connecter, lui a réitéré sa demande de veiller sur Joseph. Elle a promis qu'elle viendrait souvent les voir chez eux, le soir. Mais la douleur de Melchior était si grande qu'elle m'a fait comprendre que les visites de Surya ne lui suffiraient pas. Il voulait la rejoindre. Il voulait se suicider. Il avait déjà discuté de ce funeste projet avec Joseph et ce dernier avait décidé de mettre fin à ses jours en même temps que son père. J'étais impuissante face à sa détermination de quitter la vie. Il m'a raconté les scénarios qu'il avait envisagés pour mourir. Cette séance était vraiment éprouvante pour moi et elle me désarmait complètement. Lorsqu'il m'a quittée, je n'avais vraiment pas le moral.

Je me suis gardée de le rappeler pour prendre de ses nouvelles, car je ne voulais pas représenter une sorte de béquille pour lui. Je ne voulais pas interférer dans son deuil, dans ses choix, mais je pensais fréquemment à lui.

Quelque temps après, il est revenu me voir. Mais cette fois Joseph était avec lui. C'était un petit garçon magnifique qui avait des larmes plein les yeux. J'ai tout de suite eu envie de le prendre dans mes bras et de lui faire des bisous. Bien évidemment, je suis restée discrète et à ma place. En revanche, je l'ai enveloppé de douceur et je suis parvenue à le mettre à l'aise. Je lui ai demandé la raison pour laquelle il avait souhaité me rencontrer. Il m'a expliqué qu'il avait peur de voir sa mère en fantôme. Il en faisait des cauchemars, surtout depuis que son père lui avait dit que j'arrivais à entrer en contact avec elle. Je l'ai rassuré en lui disant que sa mère ne lui apparaîtrait pas en fantôme. Il a ajouté que ses petites-cousines s'amusaient à lui faire peur avec le rideau de douche quand il se lavait. J'ai pris le temps de le rassurer et de discuter avec lui.

Melchior lui avait acheté une console de jeux, car Surya la lui avait promise s'il travaillait bien à l'école. Le souci était que la rentrée de février était passée depuis plusieurs semaines et Joseph ne voulait plus retourner à l'école. Il était aussi déprimé que son père. Il m'a fallu alors faire preuve de beaucoup de persuasion pour le convaincre de s'y rendre. J'éprouvais énormément de compassion pour leur histoire.

Je me suis attachée à eux et Melchior est revenu souvent me voir. Parfois, il ne me donnait plus de nouvelles pendant de longues semaines. Je m'inquiétais alors pour eux et, chaque fois qu'il revenait je poussais un ouf de soulagement : il n'était pas passé à l'acte. Je savais que le temps serait la meilleure des thérapies… À condition qu'il lui en laisse le temps.

Ce qui n'aidait pas Melchior était le fait que Surya avait une sœur jumelle, Sarah, mariée et mère de deux garçons.

J'ai reçu un jour la jumelle qui souhaitait à son tour me rencontrer, car ayant été très fusionnelle avec sa sœur, cette dernière lui manquait terriblement. De plus, comme elle et Melchior avaient commencé à faire un transfert, les choses étaient devenues très compliquées. Tous deux passaient beaucoup de temps ensemble, ce qui provoquait un combat permanent pour Melchior : tantôt il voulait se suicider, tantôt il désirait sa belle-sœur…

Sarah était également perdue. Bien qu'elle aimât profondément son mari, le rapprochement entamé avec Melchior la déstabilisait énormément. Mon rôle s'est borné alors à un rôle d'écoute et je me suis bien gardée de juger ou de conseiller.

Melchior enchaînait les visites. Je n'osais pas lui dire qu'il ne fallait pas qu'il vienne aussi souvent me voir, car ce n'était pas bon d'appeler autant Surya. Le jour est arrivé où c'est Surya qui lui a demandé de ne plus venir me voir, car elle avait des choses à faire. Il devait cesser de la solliciter tout le temps. Elle a dit qu'elle reviendrait, mais pas tout de suite. Quelle nouvelle difficile à entendre pour lui ! Il se sentait à nouveau abandonné, mais il a fini par respecter la promesse qu'il lui avait faite de s'occuper de leur fils.

Je l'ai revu l'année suivante. J'étais très heureuse car il était vivant. Il y avait plus d'un an que Surya était partie. Il m'a raconté qu'ils avaient passé Noël dans la famille de Surya, mais le 24 au soir, Joseph avait préféré dormir sur la tombe de sa mère. Il avait en effet fait cette réflexion à son père :

— Papa, on ne peut pas laisser maman seule un soir de Noël.

Et c'est ce qu'ils avaient fait… Dans mon esprit s'est affichée leur image, allongés l'un près de l'autre sur la tombe de Surya. J'étais bouleversée. Je savais que je devais me comporter en professionnelle et ne pas montrer mes émotions, malheureusement, je n'y arrive pas toujours, et des larmes ont inondé mes yeux.

Ce même jour, Melchior m'a informé que Joseph avait changé d'avis, il ne voulait plus se suicider. Du coup, il voulait changer ses plans pour, peut-être, le confier au frère de Surya. Qu'il était dur pour moi d'écouter de telles confidences. Je me sentais désemparée et inutile.

Après cette séance, quelques années se sont écoulées. Je pensais souvent à lui et j'espérais qu'il allait mieux.

Et puis, un dimanche, il est arrivé chez moi à l'improviste. Il m'a expliqué qu'il passait devant chez moi et qu'il avait eu envie de s'arrêter pour me donner des nouvelles. J'étais heureuse de le retrouver vivant avec ce même sourire éclatant. Joseph et lui allaient très bien. Il m'a annoncé qu'il était de nouveau papa d'un petit garçon. Il n'aimait pas sa nouvelle copine comme il avait pu aimer Surya, mais il avait retrouvé un certain équilibre.

Qu'importe ! L'essentiel pour moi était de le savoir vivant et d'apprendre que, grâce à lui, le miracle de la vie s'était de nouveau accompli…

4. La rose de la réconciliation

J'ai reçu un appel de Jeanne qui m'a dit m'avoir déjà rencontrée environ six mois auparavant et qui souhaitait me revoir. Dès son arrivée, je me suis rappelée de cette dame très dynamique et souriante, mais j'étais incapable de me souvenir de notre premier échange. Perspicace, elle l'a compris de suite et elle m'a mise à l'aise. Elle avait lu le livre *Le Test* de Stéphane Allix dans lequel un médium indique qu'il ne se souvient pas des messages transmis. Elle m'a donc rafraîchi la mémoire et elle m'a expliqué ce qui s'était passé par la suite.

J'en avais les larmes aux yeux. J'étais si bouleversée que j'ai décidé de lui parler du livre que j'écrivais et je lui ai demandé l'autorisation de relater nos rencontres. Elle m'a donné tout de suite son aval. Très gentiment, elle m'a remémoré notre première consultation.

L'une de ses amies lui avait parlé de moi et c'était la première fois qu'elle allait consulter un médium. Elle souhaitait savoir si j'avais des messages à lui transmettre, mais elle préférait que je sois honnête avec elle si toutefois il n'y en avait pas. Je lui ai répondu que j'étais sincère et que je lui dirais s'il n'y en avait pas, mais que je ressentais déjà des présences pour elle. Sa mère, Ginette, décédée plusieurs années auparavant, se manifestait.

Elle lui a demandé pardon. Jeanne n'a pas compris la raison de cette demande dans la mesure où sa mère n'avait jamais eu à se faire pardonner quoi que ce soit. Mais elle était certaine qu'il s'agissait bien d'elle. Cette dernière, de son vivant, s'était déjà exprimée de cette façon sans raison aucune. Elle se souvenait par exemple que, peu de temps avant de décéder, sa mère étant alitée, elle et sa sœur Anne avaient tenté doucement de la retourner dans son lit pour lui éviter des escarres, mais, ce faisant, elles lui avaient fait mal. Sa mère avait alors prononcé le mot « pardon », prenant sur elle sans doute ainsi, un peu de la culpabilité de ses filles.

Je lui ai demandé si elle avait des questions à poser à sa mère. Jeanne m'a répondu qu'elle aimerait savoir si un jour elle reverrait sa sœur Anne. Puis elle m'a expliqué que, peu de temps après le décès de sa mère, son père, Auguste, avait souhaité se remarier avec une femme beaucoup plus jeune que lui. Jeanne avait parfaitement compris le souhait de son père de vouloir refaire sa vie et donc de tenter d'être à nouveau heureux et elle s'en réjouissait pour lui. Son père avait vécu huit ans avec sa nouvelle femme avant de décéder. Mais ses sœurs, Brigitte et Anne, n'avaient pas réussi à pardonner, ni à leur père, ni à leur sœur qui le soutenait, cette forme de trahison vis-à-vis de leur mère. D'autres facteurs étaient ensuite intervenus, lesquels n'avaient fait qu'empirer une situation déjà bien difficile.

Quand Jeanne et moi nous sommes rencontrées, cela faisait déjà onze ans que le lien entre Anne et Jeanne était rompu. Fort heureusement, durant tout ce temps, Jeanne avait réussi à rester en contact avec sa jeune sœur, Brigitte. Elle souffrait beaucoup de la distance entre ses sœurs et elle, et particulièrement du silence d'Anne. De l'au-delà, Ginette m'a fait comprendre qu'il n'y avait pas trop d'espoir de réconciliation, car Anne était très fermée. Mais j'ai toujours du mal à accepter, dans ces moments-là, qu'il n'y ait pas d'espoir, alors, après avoir donné cette première « mauvaise » information à Jeanne, je me suis reconnectée à Ginette pour insister un peu et tenter de, peut-être, trouver avec elle une solution. Elle m'a fait comprendre que, lors du prochain voyage de Jeanne en métropole, celle-ci pourrait peut-être se rendre à Paris pour aller voir sa sœur Anne et lui offrir « la rose de la réconciliation ». J'étais surprise de cette proposition que je trouvais un peu hasardeuse. D'abord, est-ce que Jeanne trouverait le courage d'aller voir sa sœur qui ne lui parlait plus depuis onze ans ? Et si oui, comment réagirait Anne ?

Malgré ces deux inconnues, j'ai néanmoins passé le message. Puis je me suis concentrée pour entrer en contact avec son père mais je n'y suis pas arrivée, il me semblait très très loin.

Fin de la première consultation.

Je n'ai revu Jeanne que six mois après. Elle m'a raconté ce qui s'était passé après notre première rencontre. Elle était partie en voyage en métropole et elle s'était arrêtée à Paris. Elle en avait profité pour suivre le conseil de sa mère, même si les choses ne semblaient pas simples à réaliser au premier abord. Le seul jour, un mardi, où Jeanne pouvait se rendre au travail d'Anne était généralement un jour de récupération pour elle. Mais Jeanne avait confiance et se sentait portée par sa mère, arborant à son cou un médaillon de la Vierge chargé de l'énergie de sa mère que je lui avais donné avant son départ pour la métropole.

Avec beaucoup d'émotion, de peurs et de doutes, elle s'est donc rendue au travail de sa sœur, une rose à la main. Elle avait choisi une rose blanche pour son parfum délicat. Une fois sur place, elle a fait prévenir Anne mais sans dire qui elle était. Anne travaillant encore, Jeanne avait devant elle une bonne heure à patienter, ce qu'elle a fait à la terrasse d'un café voisin, en tentant d'hydrater sa gorge sèche à l'aide d'un Perrier citron. Anne est enfin arrivée et Jeanne s'est avancée vers elle, le cœur battant la chamade, et elle lui a dit en lui tendant la rose :

— Je suis allée voir une voyante à Nouméa. Elle a parlé à maman. C'est elle qui m'a conseillé de t'apporter la rose de la réconciliation. Je l'ai choisie pour son parfum.

À sa grande surprise, sa sœur a pris la rose et a commencé à lui parler et à lui poser des questions sur sa vie et sa famille, pendant une demi-heure, sur le trottoir d'abord, puis en marchant pour atteindre le RER.

J'imagine très bien la scène, la peur d'être rejetée, le besoin d'aller boire un bon jus de citron avant d'affronter sa sœur… Jeanne m'a raconté avoir été agréablement surprise de la réaction de celle-ci, car elle n'imaginait pas qu'elles se parleraient aussi longtemps.

Son voyage terminé, Jeanne est rentrée à Nouméa. Les mois se sont écoulés sans aucune nouvelle d'Anne. Cependant, grâce à son autre sœur, Brigitte, elle avait appris qu'Anne avait été très touchée de son geste. Elle avait surtout admiré le courage dont Jeanne avait fait preuve en osant l'approcher. Mais ensuite, plus aucune nouvelle.

Et puis, un jour, Jeanne a reçu une demande d'ajout d'amie sur Facebook de la part d'Anne. Sur le coup, elle a pensé que sa sœur avait fait une mauvaise manipulation et qu'elle l'avait invitée par inadvertance. Alors, elle lui a envoyé un message privé afin de vérifier. Mais non, il n'y avait pas d'erreur, il s'agissait d'une vraie demande qui allait leur permettre de renouer à petits pas. Après onze ans de silence, c'était un bon début.

Nous voilà donc à notre seconde consultation.

Je me suis concentrée à nouveau pour ressentir la présence de personnes décédées. Et cette fois, en plus de la mère, j'ai ressenti très nettement le papa. Il m'a expliqué que, grâce au rapprochement de leurs filles, il avait pu retrouver son épouse. Ils étaient ensemble, rayonnants et très heureux. J'ai perçu que l'union de leur famille était primordiale pour eux. J'ai ressenti que chaque membre de cette famille était relié, connecté comme un circuit électrique. Mais le circuit était en assez mauvais état, presque éteint, il n'y avait qu'une faible lueur. Cependant, j'ai ressenti également qu'il pouvait à présent se remettre en marche. Les circuits de ses membres étaient en train de se reconnecter les uns aux autres. C'était la première fois qu'une telle image symbolique m'apparaissait. Les parents de Jeanne m'ont dit qu'ils aimeraient que les quatre enfants se réunissent pour équilibrer le cercle de protection de la famille qui s'était trouvé altéré du fait des querelles passées. Jeanne m'a répondu que cette mission allait être difficile à mettre en œuvre, car ils habitaient loin les uns des autres. Elle ne savait pas comment allait être accueillie cette requête, mais elle m'a promis de faire son possible pour que ce souhait se réalise.

Fin de la deuxième séance.

Deux mois plus tard, j'ai reçu dans ma boîte mail une photo de Jeanne prise avec ses deux sœurs et son frère et sur laquelle n'apparaissaient que des visages radieux. Cette photo était accompagnée du message suivant :

Merci à toi !
Bisous affectueux.
Jeanne

Jeanne, profitant d'un nouveau séjour en métropole, avait réussi à organiser avec sa jeune sœur une rencontre à quatre dans un lieu inconnu d'eux tous, suivant en cela la demande de son frère. Tous quatre s'étaient mis d'accord sur ce projet. Ils allaient se retrouver à Vichy.

Que cette photo m'a émue ! J'ai éprouvé à ce moment précis beaucoup de fierté à leur égard d'avoir su écouter et mettre en application le message de leurs parents depuis l'au-delà. Cette photo dégageait beaucoup de joie, de complicité et de bonheur. Cette famille déchirée depuis onze ans avait réussi à mettre ses différends de côté pour se retrouver. Cette expérience est magnifique et porteuse de beaucoup d'espoirs. Je trouve leurs retrouvailles extraordinaires ! Si d'autres familles pouvaient se réconcilier de la sorte, ce serait juste magique.

Bravo à mon amie Jeanne, à Eric, Anne et Brigitte que je ne connais pas.

Je ressens désormais un lumineux et gigantesque cercle de protection autour de leur famille

5. Éden, petite âme qui n'a pu s'incarner sur Terre

Je connais Jérôme, le frère de Marie, une amie proche de longue date. Je l'aime beaucoup, je le trouve très intéressant, très sensible et charmant. Il a eu quelques déboires amoureux avec des filles pas très équilibrées. Aussi, lorsqu'il a rencontré Caroline, j'en étais très contente pour lui, pour eux.

Marie m'a annoncé qu'elle était enceinte de son deuxième petit garçon et que Caroline, sa belle-sœur, l'était aussi, mais d'une petite fille. Elles devaient accoucher presque en même temps. Leurs grossesses se passaient très bien.

Et puis un jour, Bertrand, le mari de Marie, m'a appris que la gynécologue de Caroline avait trouvé une anomalie dans le cerveau de la petite. Après plusieurs examens, le diagnostic était tombé : la petite fille de Caroline et de Jérôme avait fait un arrêt cérébral. Le bébé ne serait pas viable, ou alors lourdement handicapé. J'étais bouleversée d'apprendre ces mauvaises nouvelles. Je n'osais pas téléphoner à Caroline, par pudeur mais aussi parce que je ne savais pas quoi lui dire.

Marie m'a donné quelques nouvelles. Caroline allait devoir entrer à l'hôpital, les médecins injecteraient un produit au bébé pour qu'il décède et provoqueraient l'accouchement de ce bébé mort-né. Elle m'a dit que son frère et sa belle-sœur avaient prévu de l'appeler Éden et qu'ils la baptiseraient avant de la faire incinérer. J'éprouvais beaucoup de chagrin pour eux. J'imaginais l'épreuve terrible qui leur était envoyée. Bien sûr, je n'avais aucune explication à donner.

Caroline a demandé aux médecins un délai d'une semaine avant d'agir, elle n'était pas prête... Caroline me connaît, elle sait que ma mission sur Terre est de passer les messages de l'au-delà. Avec beaucoup de gentillesse, elle m'a expliqué que son côté cartésien l'empêchait de croire à tout cela, mais qu'elle me respectait et m'appréciait malgré tout. De mon côté, je pensais beaucoup à cette petite, à ses parents et à mon amie Marie qui allait bientôt donner naissance à un petit garçon alors qu'elle serait en deuil de sa nièce. Tout à coup, et tandis que j'étais au volant de ma voiture, j'ai ressenti la présence d'une dame qui m'a dit être la mamie de Caroline. Elle souhaitait que je dise à celle-ci qu'elle viendrait chercher la petite. Je ne savais pas trop comment m'y prendre, sachant que Caro était vraiment fermée.

Une deuxième fois, sa mamie s'est manifestée :

— Il faut dire à Caroline que je viendrai chercher la petite. Elle ne sera pas seule.

J'ai décidé alors de prendre mon courage à deux mains et j'ai appelé Marie. Je lui ai expliqué la situation et je lui ai demandé de faire le relais auprès de sa belle-sœur. Elle m'a promis d'essayer, mais elle ne me garantissait pas que ça marche.

La veille du dimanche de Pâques, j'ai reçu un SMS de Marie :

Coucou, j'ai bien transmis ton message, mais je ne sais pas si Caroline trouvera le courage de t'appeler.

Cinq minutes plus tard, je recevais l'appel de Caroline. Nous étions toutes deux très émues. Je lui ai expliqué que je comprenais le courage qu'il lui avait fallu pour m'appeler, mais je l'ai assurée que, de mon côté, il m'en fallait aussi pour lui parler et lui proposer un rendez-vous. Elle n'avait que la journée du lundi de Pâques de disponible, car elle rentrait le soir même à l'hôpital. Nous avons donc convenu de nous voir le lundi matin.

J'étais nerveuse, j'avais peur de ne pas avoir de message à transmettre en dehors de celui de sa grand-mère. J'ai prié et j'ai demandé l'aide de tous mes gentils anges du Ciel et de la Terre. C'est ma formule magique pour les appeler.

Caroline est arrivée avec un ventre magnifique. J'étais très mal à l'aise, mais elle m'a laissée me concentrer. C'était difficile pour moi. Caroline éprouvait tant de colère que je ressentais un épais brouillard. Je stressais… Caroline a craqué. Elle s'est mise à pleurer. Alors je me suis placée derrière elle et j'ai posé mes mains sur ses épaules. Je ressentais toute sa colère, tout son désarroi, toute l'injustice qu'une mère peut ressentir dans ces moments-là. Caroline m'a expliqué qu'elle était en colère contre le monde entier, qu'elle ne comprenait pas cette injustice. Néanmoins, peu à peu, elle s'est libérée et le brouillard s'est dissipé. J'ai ressenti la présence d'un bébé. C'était Éden. Je la sentais perdue. Elle comprenait que sa mère était triste, mais elle ne savait pas pourquoi. J'ai réalisé qu'elle n'avait aucune idée de ce qui l'attendait. J'ai demandé alors à Caroline si elle avait expliqué à sa fille ce qui allait se passer dans les prochaines heures. Caroline m'a répondu qu'elle n'arrivait pas à lui parler, elle ne faisait que pleurer. Je lui ai donc demandé l'autorisation d'expliquer la situation à Éden. Caroline a acquiescé.

Éden s'est montré surprise et j'ai compris alors qu'elle ne savait pas que son petit corps était malade. Elle aimait profondément ses parents et elle ne comprenait rien à ce que je lui expliquais à leur sujet. Pourquoi ne pouvaient-ils pas la garder ? J'ai demandé à Caroline de lui dire qu'elle l'aimait. Caroline était effondrée, elle n'y arrivait pas. Elle m'a dit qu'elle avait bien peur que, lorsqu'elle y arriverait, ce soit sans doute trop tard, Éden serait déjà morte. Elle ne parvenait pas à réagir autrement.

Sa grand-mère paternelle de l'au-delà était présente. Caroline m'a expliqué que cette dame s'était suicidée quand elle-même avait neuf ans et qu'elle n'en avait que peu de souvenirs. Paulette, la grand-mère, m'a dit qu'elle viendrait chercher la petite et qu'elle veillerait sur elle. À ce moment, Caroline pleurait beaucoup, elle se délivrait. Je voyais que Paulette parlait à Éden. Je n'arrivais pas à comprendre ce qu'elle lui disait, mais ça marchait. Je voyais Éden, déjà petite fille, pleinement rassurée. Je la voyais sourire, je la ressentais joyeuse et en pleine forme. Elle a pris la main de Paulette et elles sont parties toutes les deux. Éden nous a fait de grands signes de la main. Elle était heureuse et confiante. J'ai compris qu'elle veillerait sur sa famille, sur ses parents, et qu'il y aurait un autre enfant après elle.

C'était merveilleux. Éden m'a dit clairement que désormais elle était en sécurité et que ce qui allait arriver dans les prochaines heures était une épreuve pour ses parents, à savoir l'accouchement d'un petit corps sans âme. J'ai raconté tout cela à Caroline qui pleurait et qui m'a dit qu'elle avait envie d'y croire. Qu'elle allait le dire à Jérôme qui était si malheureux.

Voilà ce que j'ai appris : l'âme d'Éden n'était pas encore dans son corps, mais elle flottait autour. Éden n'avait pas conscience que son corps d'incarnation était malade. Bien que sa mère en ait parlé à son entourage, bien que les docteurs aient expliqué clairement la situation aux parents, Éden l'ignorait. Elle avait seulement compris qu'il y avait un problème. Quand j'ai eu expliqué à Éden que ses parents ne pouvaient pas la garder, elle n'a pas compris pourquoi ils la rejetaient. L'âme d'Éden n'était pas au même niveau énergétique que celle de son arrière-grand-mère. J'étais convaincue que nos âmes de la Terre avaient su faire le relais et qu'elles avaient permis de les réunir. Néanmoins, je pense que Paulette a dit une phrase à Éden qui a tout arrangé. Je n'ai pas eu accès à cette phrase, mais cela a marché car soudain, Éden a retrouvé la joie, le bien-être, l'amour et la confiance. Elles ont pu repartir ensemble. Éden m'a redit clairement :

— Je suis maintenant en sécurité et je vais très bien.

À l'heure où j'écris ces lignes, Caroline est entrée à l'hôpital avec Jérôme. Je souhaite de tout mon cœur que ces messages de l'au-delà leur permettent d'être plus forts.

Merci Éden. À bientôt petit ange…

PS : il s'est passé deux ans entre le moment où j'ai écrit l'histoire d'Éden et maintenant, où je termine l'écriture de mon livre. Et je suis heureuse de vous annoncer, qu'un petit Enzo est né il y a cinq mois. Il va très très bien, la grossesse de Caroline s'est très bien passée.

Caroline et Jérôme, que j'ai vus récemment, forment un couple uni et soudé, qui fait chaud au cœur.

6. L'homme qui avait prévu d'être centenaire

Un soir, j'ai reçu l'appel d'une de mes amies de métropole. Cela faisait plusieurs semaines que je n'avais pas reçu de nouvelles d'elle mais, étant à la retraite, je savais qu'elle voyageait beaucoup avec son compagnon.

Ce soir-là, sa voix était stressée et inquiète. Elle m'a appris que Luigi était un peu malade et qu'elle souhaitait que je regarde dans mes cartes si je voyais quelque chose. Elle m'a seulement dit qu'il avait un problème au foie. La même voix familière que j'entends régulièrement m'a indiqué qu'il s'agissait du pancréas. Je ne connais rien au corps humain ni aux maladies, cette discipline ne m'intéresse pas. De plus, je manque à chaque fois de tomber dans les pommes à la vue du sang. J'ai fait part du message que j'avais reçu : cherchez le problème au niveau du pancréas. Elle a paru fort surprise et elle a souhaité savoir pourquoi je faisais référence au pancréas. Je lui ai expliqué que je l'avais entendu. Elle a raccroché précipitamment en me précisant qu'elle me rappellerait le lendemain lorsque je me serais connectée.

Au cours de la journée, je me suis rendu compte qu'elle avait essayé de me joindre plusieurs fois sur Skype. Étant donné le décalage horaire entre la métropole et la Nouvelle-Calédonie, j'ai compris qu'elle n'avait pas dormi et que donc la situation était grave. Sans plus attendre je me suis isolée dans ma chambre, j'ai fait le vide autour de moi et j'ai appelé les parents de Luigi. Je n'avais connu que sa mère, laquelle était décédée une quinzaine d'années auparavant. Son père, quant à lui, était mort depuis beaucoup plus longtemps.

Presque instantanément, je les ai ressentis dans un coin de la pièce. Ils se tenaient par la main. Ils étaient vêtus de noir (étant tous deux Italiens, je pense que c'est pour cette raison qu'ils m'apparaissent ainsi). Ils étaient calmes, paisibles et joyeux. Ils m'ont prévenue qu'ils venaient chercher leur fils. Ils étaient heureux, je ne ressentais aucune tristesse. C'était une très bonne nouvelle. La vision s'est arrêtée. Je me sentais remplie de joie et d'impatience. Mais, très vite, j'ai recouvré mes esprits d'humaine : comment annoncer une telle nouvelle ? Je me devais d'être triste, surtout que s'il décédait mon amie se retrouverait seule. Tout son monde s'écroulerait. Ses enfants et petits-enfants seraient aussi très tristes et cette situation me peinerait sincèrement.

Comment l'annoncer ? Quels mots employer ?

J'ai pris mon courage à deux mains pour *skyper* mon amie. Elle guettait mon appel et elle a décroché aussitôt. J'ai ressenti qu'elle avait placé tous ses espoirs en moi comme si j'étais porteuse d'une excellente nouvelle et que tout allait s'arranger. J'ai eu juste le temps de lui expliquer que j'étais entrée en contact avec les parents de son compagnon, que ce dernier arrivait près d'elle pour prendre part à la conversation. J'étais gênée. Nous nous parlions par écrans interposés lorsqu'il m'a demandé froidement de lui dire toute la vérité sans passer par quatre chemins.

Luigi, octogénaire, avait extrêmement bien réussi dans les affaires. Autodidacte, parti de rien, il s'était construit un empire. Charismatique, bienveillant, d'une extrême générosité, ce patriarche était craint et respecté de tous. Nous étions amis depuis mes dix-sept ans, il avait toujours été présent pour moi dans les moments importants de ma vie, bons comme mauvais.

Alors, de but en blanc, je lui ai transmis le contenu du message que j'avais reçu, à savoir que ses parents venaient le chercher.

Il n'a pas semblé ébranlé par cette annonce. Il a même ri. Il a regardé sa compagne et lui a dit :

— Tu vas bientôt être veuve.

Bien sûr, elle s'est écroulée, en larmes. J'étais très gênée de vivre ce moment d'intimité avec eux. Puis très froidement, il m'a demandé combien de temps il lui restait à vivre. J'ai tenté de lui expliquer que là-haut, ils ne me donnaient pas accès à ce genre d'informations, fort heureusement d'ailleurs. Mais devant son insistance, je me suis exécutée et j'ai lu mes cartes, même si je doutais d'y trouver une quelconque réponse. Je ne savais vraiment pas pourquoi, mais il me semblait que le chiffre 4 sortait beaucoup. Mais 4 quoi ? 4 ans, 4 mois, 4 semaines, 4 jours ? Je lui ai fait part de ce chiffre et je l'ai assuré qu'il devait forcément lui rester au moins quatre belles années à vivre. Il ne pouvait pas en être autrement, surtout qu'étant d'ordinaire en très bonne santé, faisant chaque jour ses quatre-vingts kilomètres à vélo, il avait d'ores et déjà prévu d'organiser une très grande fête pour son centenaire. Un cancer fulgurant du pancréas l'a emporté quatre semaines après la visite de ses parents dans ma chambre.

Au moment de son décès, mon amie m'a envoyé un message pour me prévenir. Je me suis isolée dans ma chambre et, une fois encore, ils m'ont permis d'accéder à l'au-delà. J'ai eu la chance de vivre son arrivée céleste en tant que spectatrice.

Voici mon témoignage de ce qu'il m'a été permis de ressentir.

Les anges ont fait une barrière, je ne pouvais pas l'approcher. Il était nécessaire qu'il coupe avec la Terre. Il pourrait entrer en contact avec elle plus tard, mais là c'était le moment des retrouvailles pour lui, moment de grâce et de joie pour eux. Je ne devais pas interférer. Mais j'ai ressenti que là-haut, c'était une fête. Il était accueilli à bras ouverts, il y avait beaucoup de gens. C'était comme si sa mère le présentait à tout ce monde autour de lui. Beaucoup de femmes étaient présentes, des tantes certainement. Il y avait des rires, la joie de retrouver des cousins, cousines, des amis décédés depuis longtemps. Le tunnel de lumière s'est refermé mais ils m'ont laissé ressentir tout cela. Luigi n'était plus fatigué. Il était impressionné par tout ce monde devant lui. Ils avaient beaucoup de choses à se dire et à partager. Sa mère lui tenait le bras et ils avançaient dans la foule. Il était heureux sans prendre encore toute la mesure de ce qui lui arrivait. Je le sentais étonné. Il ne souffrait plus. Il était libre. Il a avancé sans se retourner.

Les anges m'ont demandé de partir. J'ai coupé le lien. Ils étaient gentils avec moi mais je ne devais pas en savoir plus.

Quelques heures plus tard, ma fille Laura, qui aimait très fort Luigi, est rentrée de chez son père. Nous sommes parties toutes deux nous recueillir à la Vierge du Pacifique, à côté de la maison. Là, j'ai beaucoup ressenti la présence de Luigi. Il était seul, extrêmement puissant et rempli de lumière. Il était très souriant. Ce qui m'a le plus frappée, c'était la puissance qu'il dégageait. Il m'a demandé que l'on se réjouisse pour lui et que je fasse savoir que l'endroit où il se trouvait était fabuleux, et qu'il n'avait pas imaginé qu'il pourrait l'être à ce point. Il voulait partager cela avec mon amie par mon intermédiaire. Il m'a dit que quand son heure serait venue il viendrait la chercher. En attendant, il m'a demandé de veiller sur elle et sur sa famille si elle en avait besoin. Il m'a dit à nouveau que c'était fabuleux et, bien que je sache qu'il n'aimait pas danser, eh bien, là il en avait envie tant il était joyeux.

J'ose l'avouer, sans vouloir choquer qui que ce soit, ce sont des larmes de joie qui ont coulé sur mes joues. Je ressentais un sentiment de liberté, de bien-être et surtout de la JOIE.

Je suis très heureuse d'avoir connu cet homme et d'avoir pu vivre avec lui de vrais moments de partage. Luigi était d'une telle générosité de son vivant qu'il a été un exemple pour tous les gens qui ont eu la chance de le rencontrer.

7. Un homme d'affaires

Lorsque je travaillais dans un cabinet d'affaires, il y a quelques années, j'ai été amenée à rencontrer un homme d'affaires, Paul. Il était très courtois avec moi, très gentil, il m'appelait par mon prénom. Puis j'ai quitté mon emploi pour me consacrer à mes enfants ainsi qu'aux personnes décédées.

Cependant, il m'arrivait encore, de temps en temps, de le croiser. J'étais surprise qu'il me dise bonjour et surtout qu'il se souvienne de mon prénom. Chaque fois que nous nous voyions, il prenait deux minutes pour m'adresser un petit mot gentil. Puis, un jour, j'ai appris qu'il était décédé brutalement. Comme par hasard, l'une de mes amies, Anne, qui le connaissait très bien, m'a parlé de Sonia, son épouse, qui vivait des moments difficiles depuis le départ de son mari. Elle m'a dit qu'elle lui avait donné mes coordonnées et que Sonia allait certainement m'appeler.

Le temps passait, mais Sonia ne cherchait pas à prendre contact avec moi. J'ai compris que la démarche de venir me voir n'était pas facile. C'était tellement irréaliste que la méfiance des gens à mon égard me paraissait tout à fait normale. Mais un jour, en fin d'après-midi, tandis que je tondais la pelouse de mon jardin, j'ai ressenti la présence de Paul. Il m'a dit :

— J'ai besoin de passer un message à mon épouse.

— Je comprends, mais elle a mes coordonnées, Anne lui a déjà parlé de moi, maintenant, si tu as un message à lui faire passer, arrange-toi pour qu'elle vienne d'elle-même, car moi, je n'appellerai pas.

Il a insisté un peu, mais il a compris ma démarche et il m'a laissé finir de tondre tranquillement.

Quelques semaines plus tard, je devais rencontrer mon amie Anne. C'est en prenant ma douche que j'ai ressenti de nouveau la présence de Paul. Il m'a dit :

— J'ai vraiment besoin de transmettre un message. Je dois demander pardon à ma femme.

Je lui ai donné la même réponse que précédemment. Toutefois, je lui ai dit, toujours par télépathie, que j'en parlerais à notre amie commune. Lorsqu'Anne est arrivée, nous avons passé un très bon moment, comme toujours, mais avant de partir, je lui ai dit que son ami était là.

— Il va mal, il a besoin de se confier et il souhaite demander pardon à sa femme du comportement provocateur qu'il a pu avoir dans sa vie.

Anne devait dire à son épouse combien il l'avait aimée. En se livrant ainsi, j'ai senti qu'il allait déjà mieux, qu'il se libérait. Il m'a dit qu'il s'était fourvoyé, en se trompant dans ses choix de vie.

Une fois mon amie repartie, il est resté un moment avec moi. Il était doux et m'a dicté une lettre pour son épouse. C'était une très belle lettre d'amour. J'ai alors écrit à Anne pour lui annoncer que j'avais une lettre pour Sonia. Mon amie a servi de relais et elle a réussi à m'amener Sonia l'après-midi même.

Il y avait alors une belle émotion dans mon bureau. J'ai ressenti une telle connexion que je me suis retrouvée dans deux mondes à la fois. Après avoir lu la lettre de son mari, Sonia était très émue, elle pleurait. Il lui a donné des conseils pour la suite des affaires et pour les enfants. Il lui a demandé pardon de n'avoir pas forcément été un mari exemplaire et attentionné. Il était très heureux de pouvoir lui dire tout cela. Sonia lui a pardonné.

Il m'a fait comprendre qu'il n'était pas seul là-haut et que deux enfants qui n'avaient pas pu s'incarner étaient avec lui. J'ai vu alors une image très belle de lui, là-haut, entouré de deux enfants tandis que Sonia était ici, dans ce monde, avec leurs deux autres enfants. Il lui a indiqué qu'il protégeait les enfants là-haut et qu'elle, de son côté, devait protéger leurs enfants de la Terre. Il lui a demandé de choisir des prénoms pour une petite fille et pour un petit garçon. Elle devait également, le soir même, allumer trois bougies, une pour chacun d'eux. Il lui a promis qu'un jour, leur famille serait réunie. Il lui a transmis de la force et du courage. Il lui a donné sa bénédiction pour qu'elle refasse sa vie à la condition qu'elle ne l'oublie pas et qu'il reste à jamais son « préféré ». Il gardait, même là-haut, son caractère possessif.

Sonia est ensuite repartie, plus apaisée.

Revenir sur Terre a été pour moi un peu difficile. J'ai ressenti une telle émotion, tant d'amour et tant de joie m'ont traversée, que j'ai eu du mal à reprendre mes activités terrestres, comme me dépêcher d'aller chercher les enfants à l'école car j'allais être en retard à la garderie… Je n'avais pas envie que la connexion s'arrête tant je me sentais bien. Je me rendais compte de la chance que j'avais de pouvoir naviguer entre deux mondes. Ces belles énergies m'ont nourrie et m'ont donné énormément de force.

L'amour a inondé tout mon corps. J'ai remercié pour ce cadeau du ciel, j'ai remercié pour mon amie qui m'avait fait confiance et qui avait parlé de moi à son entourage qui pourrait avoir, un jour, besoin d'un messager de l'au-delà.

Grâce à ces rencontres j'ai rempli ma mission divine et toutes les cellules de mon corps ont bénéficié de cette magie.

Nous sommes une unité à des postes différents. Il faut juste accueillir les signes et les missions que nos anges nous donnent, même si nous avons l'impression que ce ne sont pas ces missions-là que nous aurions choisies.

Anne m'a écrit quelques jours plus tard que, le soir même, elle avait pensé à allumer une bougie pour son ami de l'au-delà. Elle a tenu à l'assurer qu'ils ne l'oublieraient pas, que l'amitié qui les liait était sincère, qu'elle perdurerait au-delà de la mort et qu'ils garderaient toujours l'image d'un homme drôle, gentil, généreux et brillant.

8. La visite surprise d'un défunt inattendu

Ce témoignage date de mes débuts de médium.

Lorsque je me suis lancée, suite à l'appel de mon ange, j'ai commencé à parler autour de moi de ce qui m'arrivait, de ma mission. Je manquais encore beaucoup de confiance en moi, mais il y a un début à tout. J'ai rencontré alors une amie, Maryse, qui m'a dit être très intéressée et vouloir faire une séance, à l'occasion, par curiosité. Elle voulait bien me servir de « cobaye ». Je lui ai répondu : « Pas de problème, quand tu auras un moment, appelle-moi. »

Les mois ont passé et je l'ai rencontrée par hasard, un jour dans la rue, en me promenant. Elle m'a interpellée pour me dire bonjour, et elle m'a présenté ses parents qui étaient actuellement sur le territoire en vacances. Maryse m'a prévenue qu'en ce moment, elle était assez occupée, mais que dès le départ de ses parents, elle m'appellerait pour faire une séance. Nous en sommes restées là et j'ai repris ma promenade.

Un ou deux mois plus tard, elle m'a appelée et nous avons fixé un rendez-vous. Lorsqu'elle est arrivée dans mon bureau, nous nous sommes installées et j'ai commencé la consultation. Très vite, j'ai ressenti un homme que je lui ai décrit. Ce qui m'a frappé, c'était l'amour qu'il avait pour elle. Je le ressentais doux et bienveillant. C'était un amour paternel. Je lui ai fait part de la présence de cet homme et elle a pensé à son grand-père. Elle était cependant étonnée, car ma description ne lui correspondait pas. Nous avons alors cherché ensemble qui il pourrait être. L'entité m'a donné des informations, mais plus il devenait précis, moins nous trouvions. Pourtant cet homme insistait. Il m'a dit être son père. J'ai commencé à avoir chaud et à stresser. Je rappelle que j'en étais vraiment à mes débuts, alors j'ai paniqué. Je me suis raisonnée et je me suis dit que je devais être vraiment à côté de la vérité, que je racontais n'importe quoi et que je devais même arrêter les consultations.

Je me suis donc adressée par télépathie à ce monsieur en lui disant que c'était impossible. Je me rappelais très bien la rencontre avec les parents de Maryse dans la rue. Si elle avait perdu son père, je l'aurais forcément su. Mais il a continué à affirmer qu'il était son père. Au bout d'un moment, j'ai marqué une pause et j'ai décidé de me lancer. Après tout, elle était venue pour essayer. Nous étions amies, tant pis si je me trompais.

Comme chaque fois, j'avais le sentiment que toutes mes croyances allaient être balayées si j'avais tort ou si je n'étais pas performante lors d'une consultation. Je me suis excusée par avance profondément pour ce que j'allais lui dire. Je l'ai donc regardée dans les yeux et je lui ai expliqué :

— Maryse, je sais que c'est impossible, car j'ai rencontré tes parents il n'y a pas très longtemps, mais voilà, l'homme que je ressens me dit être ton père.

Et à ce moment, à ma très grande surprise, elle m'a regardée, les yeux pleins de larmes.

— C'est tout à fait possible, m'a-t-elle révélé. J'ai été adoptée à l'âge de quatre mois et personne ne le sait, à part mon mari. Ce sont mes parents adoptifs que je t'ai présentés l'autre jour en ville. C'est mon secret, je ne souhaite pas en parler. Maintenant que je suis maman, je me pose beaucoup de questions et je souhaiterais retrouver ma mère biologique. Est-ce que ce monsieur pourrait me donner des informations ?

Ce dernier nous a seulement confié qu'ils étaient jeunes lorsque sa compagne était tombée enceinte, qu'ils n'étaient pas restés ensemble et que la famille de sa compagne l'avait obligée à l'abandonner, elle, Maryse… Il nous a dit que la mère était toujours vivante. Malheureusement je n'ai pas réussi à saisir plus de détails.

Maryse était très touchée et heureuse d'avoir retrouvé son père, même s'il était décédé. Elle sait aujourd'hui qu'il l'aime profondément et qu'il la protège.

CHAPITRE III.

Les âmes errantes

1. Tâm, un petit garçon de soixante-quatre ans

Tâm est un monsieur vietnamien de près de soixante-quatre ans qui m'a été présenté par des amis communs lors d'une fête. Je connaissais seulement un peu son épouse. Je ne me présente jamais comme médium auprès de gens que je ne connais pas, néanmoins sa femme, Gisèle, savait par nos amis que j'avais des dons de médiumnité et qu'il m'arrivait d'aider des gens à entrer en contact avec des personnes décédées.

Gisèle m'a donc écrit un jour, à la place de son mari qui est timide et réservé, pour me demander si j'accepterais de le recevoir car il éprouvait une grande souffrance depuis de nombreuses années suite au décès de sa mère. Je lui ai répondu que oui, puis le temps a passé sans qu'aucun rendez-vous ne soit fixé.

Au mois de juin 2017, Gisèle m'a écrit de nouveau pour me demander si je pouvais prendre un peu de temps pour son mari.

À cette époque, je traversais un léger passage de doute, comme il m'arrive souvent d'en avoir, et je n'avais donc pas trop envie de me connecter. En effet, c'est une grande responsabilité pour moi de transmettre les messages de l'au-delà et je souhaite être parfaite, ne pas me tromper et surtout ne nuire à personne. Le regard des autres me met la pression, j'ai toujours peur de mal faire ou de décevoir. Accepter de recevoir quelqu'un est toujours une mise en danger pour moi. C'est comme si je remettais à chaque fois en question l'authenticité de mon don. Je souhaite toujours que les rencontres soient magiques, qu'il y ait de beaux messages à transmettre ou une situation à débloquer, et comme je ne sais jamais à l'avance comment se passera la rencontre, même si j'ai confiance en l'au-delà, il m'arrive de traverser des moments de doute, car je reste humaine avant tout.

La plupart du temps, quand je réussis à passer cette barrière de la légitimité, tout s'éclaire et la rencontre est fluide. Du coup, je m'en veux de douter de moi. Mais rien à faire, la fois suivante le trac est là, de nouveau... Et il arrive que, certaines fois, je n'aie pas de messages à transmettre, que je ne ressente aucune présence autour de moi.

Je vous ai déjà expliqué un peu cet état de fait quand, par exemple, je ne suis pas disponible dans mon esprit et que les tracas du quotidien prennent toute la place, ou bien quand ce n'est pas le moment pour la personne de recevoir un message car elle n'est pas prête. Cet état de doute n'est pas lié à un problème d'ego mais sincèrement à une volonté de bien faire, d'être vraie. De plus, en tant que messagère, je ne veux décevoir personne.

Après cet aparté nécessaire, permettez-moi de revenir à Tâm et à l'élément déclencheur de ma rencontre avec lui : une fête, organisée pour mes quarante ans, et durant laquelle je me suis sentie si bien que toute cette belle énergie et cet amour qui m'entouraient m'ont donné l'impulsion nécessaire pour lui fixer un rendez-vous un matin de juillet.

Nous devions nous rencontrer à 8 h 30, mais Tâm m'a avoué qu'il attendait sur mon parking depuis 7 heures du matin, tant cette entrevue était importante pour lui. De mon côté, je m'étais levée à l'heure habituelle et, tout en mc préparant, je pensais à la personne que j'allais recevoir ainsi que je le fais toujours. J'ai appelé par télépathie la mère de Tâm et j'ai demandé à mes anges de m'aider à être bien connectée, bien concentrée, pour pouvoir réussir de mon mieux à faire passer les messages.

En accompagnant les enfants à l'école, ce matin-là, j'ai ressenti la présence de sa mère à mes côtés, dans la voiture, et j'ai deviné que nous allions vivre une très belle rencontre.

Tâm est entré dans mon bureau très ému, des frissons le parcouraient, et il a mis beaucoup de temps avant de réussir à s'asseoir. Avant de commencer son récit, il s'est excusé pour son mauvais français. Il a un fort accent quand il s'exprime et fait des fautes. En revanche, il le comprend très bien.

J'ai appris qu'il avait parlé français couramment jusqu'à l'âge de quatre ans, mais qu'après, il était parti vivre au Vietnam et ce n'était qu'après sa majorité qu'il avait pu regagner la France, où il avait dû réapprendre à parler sa langue maternelle.

Il a commencé par rester debout un long moment, tremblant, ému, essuyant les larmes qui coulaient le long de ses joues, tandis qu'il débutait le récit de sa vie. Il regardait ses pieds, ne croisant pas mon regard qui était pourtant plein de douceur et de compassion. Je me sentais gênée pour lui.

Son père était vietnamien. Il venait d'une famille très riche qui possédait beaucoup d'or. Il avait été envoyé en France pour poursuivre ses études à la Sorbonne. C'est là qu'il avait rencontré Jacqueline. Ils s'étaient aimés et malgré le fait qu'une riche Vietnamienne l'attendait au pays pour se marier, il avait décidé d'épouser sa très belle Française. Tâm est né de cette union. Alors qu'il avait quatre ans, ses parents ont décidé de partir pour le Vietnam, mais, peu de temps après leur arrivée, sa mère est tombée malade et elle est décédée.

Aussitôt sa mère enterrée, son père l'a envoyé dans une pension loin de la maison. Tâm n'a jamais compris pourquoi son père s'était débarrassé de lui et il n'a jamais osé lui en demander la raison.

Tâm s'est donc retrouvé seul dans un pensionnat, à l'âge de quatre ans, sans parler un mot de vietnamien. Son père ne lui a jamais rendu visite. Son oncle paternel et son épouse s'étaient pris d'affection pour lui et allaient le voir régulièrement. Et puis, un jour ils ont proposé à son père de l'adopter. Tâm pensait que c'était par fierté que son père avait refusé cette adoption. Il était donc revenu chercher son fils et il l'avait conduit chez sa grand-mère. C'était elle qui désormais allait prendre soin de lui.

Un jour, Tâm est tombé très malade, il n'arrivait même plus à marcher. Son père est passé le voir et s'est aperçu que les remèdes aux plantes donnés par sa grand-mère ne faisaient aucun effet. Tâm allait mourir, son père en a pris conscience. Il l'a alors rapidement fait soigner par un médecin avant de le ramener chez lui. En arrivant chez son père, Tâm a vu que ce dernier avait refait sa vie. Il a donc fait la connaissance de sa belle-mère, française également, laquelle avait déjà quatre enfants d'un premier lit. Tâm n'a pas davantage compris pourquoi il devait habiter et prendre ses repas au rez-de-chaussée de la maison avec les domestiques, tandis que tous les membres de sa famille déjeunaient ensemble à l'étage. Il n'a jamais osé poser de questions à son père à ce sujet non plus. Il a donc travaillé comme domestique dans la maison de son père.

Au cours de notre séance, il m'a répété à plusieurs reprises qu'il n'en voulait pas du tout à son père, qu'il lui était extrêmement reconnaissant d'avoir épousé sa mère en n'hésitant pas, de ce fait, à s'opposer à sa famille. Il m'a répété : « Mon père ne nous a pas abandonnés, il nous a emmenés avec lui au Vietnam. »

Avec sa nouvelle épouse, son père a eu quatre autres enfants, trois filles et un garçon, avec lesquels Tâm m'a assuré avoir d'excellentes relations.

À l'âge de dix-huit ans, il a éprouvé le désir de rentrer en France. Il voulait se rapprocher de la patrie de sa mère. Son père s'est opposé à ce projet. Alors, sans rien dire, Tâm est allé trouver l'armée française qui avait une base non loin de chez lui. Il a expliqué à un gradé qu'il était français du côté de sa mère, et il lui a fait part de son souhait de retourner en France. Le militaire lui a répondu que, s'il s'engageait sur-le-champ et qu'il signait un papier, il pourrait partir dès la semaine suivante pour la Bretagne. Il est alors rentré chez lui avec son papier signé et il l'a présenté à son père qui n'a pas du tout apprécié l'acte d'indépendance de son fils.

Tâm s'est montré très reconnaissant de tout ce que l'armée et la France ont fait pour lui. Il a pu obtenir des diplômes et il est devenu chef mécanicien dans l'aéronavale. Il est père de deux enfants d'un premier lit et il était marié, au moment de notre rencontre, à Gisèle, une femme qu'il adorait.

C'est seulement après m'avoir raconté tout ça que Tâm est parvenu enfin à s'asseoir. Il s'est excusé de tout : de me déranger, de me prendre mon temps, de ne pas s'exprimer correctement, de beaucoup pleurer… De vivre, tout simplement.

J'ai marqué une pause avant de prendre la parole, car en une heure, j'avais pris en pleine figure son histoire et sa détresse. J'éprouvais tant d'empathie pour ce monsieur, pour ce petit garçon devenu orphelin si tôt, abandonné par la suite par son père, laissé dans un pensionnat vietnamien dès l'âge de quatre ans, sans connaître un mot de la langue, puis élevé en domestique... Je devais faire le vide des émotions que je ressentais pour être « neutre » et pouvoir me concentrer. Il était déterminant pour moi d'arriver à chasser la peine que j'éprouvais pour lui.

— As-tu apporté une photo de ta mère ?

C'est toujours plus facile d'en avoir une sous les yeux car, en m'en imprégnant, je ressens plus intensément la personne décédée. Avec une vive émotion, il m'a présenté le passeport ayant appartenu à sa mère.

— Il ne me quitte jamais.

Je l'ai pris avec précaution et respect et j'ai commencé à regarder la photo de Jacqueline. C'était une très jolie femme de vingt-cinq ans, brune aux yeux clairs. Elle était là, je la sentais... Mais l'atmosphère était très lourde et pesante. Je la voyais s'accrocher à Tâm, ils fusionnaient tous les deux. Sauf que cette fusion ne les rendait pas heureux. Elle m'est apparue apeurée. Elle doutait de moi, elle craignait que je ne les sépare.

De son côté, Tâm me regardait à peine, il baissait les yeux, il était aussi effarouché qu'elle. Il pleurait et il en avait honte. J'avais envie de le prendre dans mes bras pour le réconforter, mais je suis restée à ma place, car si j'avais pleuré avec lui, nous aurions été bien avancés !

J'ai fait le point et constaté que Tâm vivait depuis toujours avec sa mère. Il était très angoissé par sa mort et il pensait à elle tout le temps. J'ai compris qu'elle était coincée ici et qu'elle ne s'était jamais élevée vers la lumière. Je suis entrée en contact avec elle par télépathie. J'y suis allée avec beaucoup de douceur. J'ai essayé de m'exprimer le plus clairement possible et avec beaucoup d'amour. Je voulais savoir si elle pouvait m'expliquer pourquoi elle ne s'était pas élevée vers la lumière. Pourquoi elle était « coincée » sur Terre.

Elle m'a répondu :

— Comment partir sans abandonner mon fils ? C'est un bébé, je ne pourrai jamais le quitter.

Oui, c'était évident. Je me suis mise à sa place, c'était horrible pour une mère d'abandonner son enfant, de le quitter. Je comprenais mieux que Tâm soit aussi proche d'elle et à ce point bouleversé. J'ai levé les yeux vers lui et j'ai vu un petit garçon de quatre ans et non un homme de soixante-quatre ans. J'ai vu un enfant perdu, se sentant seul, démuni, malheureux.

Tâm s'est souvenu que, le jour du décès de sa mère, son père lui avait demandé d'aller l'embrasser. Il se souvenait parfaitement de la scène : sa mère étendue sur le lit… Mais la vue de son corps l'avait rebuté. Elle avait un visage jaune, elle n'était pas belle. Il avait refusé de l'embrasser. À présent, il pleurait à gros sanglots, en insistant à la fois sur le fait qu'il avait été un méchant petit garçon mais aussi qu'il n'avait alors que quatre ans. Il était rongé par la culpabilité. Il vivait dans le remords.

Je leur ai expliqué à tous les deux, à tour de rôle, que je les aimais, que je ne leur voulais aucun mal mais qu'il était indispensable que Jacqueline parte dans l'au-delà. Cette action ne signifiait pas qu'ils ne seraient plus en contact. Elle devait partir pour être délivrée et pour mieux le protéger, lui, par la suite. Il m'a dit que, de son côté, il lui parlait tout le temps et il rêvait beaucoup d'elle, qu'il lui demandait souvent de l'aide. Une aide qu'il obtenait à chaque fois.

J'ai insisté : cette situation était néfaste pour eux. J'ai proposé à Jacqueline de l'aider à « monter », mais elle a résisté. Je la sentais paniquée. Elle ne voulait pas abandonner son bébé, elle était très angoissée. Je l'ai rassurée comme j'ai pu et je lui ai assuré qu'elle pouvait me faire confiance, qu'elle serait encore plus près de Tâm ensuite et qu'il n'y aurait alors que des moments heureux.

J'ai appelé à l'aide tous mes gentils anges du Ciel et de la Terre. En les appelant ainsi, je savais qu'elle allait pouvoir les voir et qu'elle ressentirait alors un amour et une bonté infinis. Je savais qu'autant d'amour et de chaleur sont à même de mettre une âme errante en confiance. J'ai senti la mère devenir réceptive, elle a fini par accepter de partir avec eux et d'entrer dans le tunnel de lumière. Là, elle a été accueillie par ses amies. Les jeunes femmes l'ont entourée et se sont mises à rire et à danser. C'était magique, comme si mon bureau s'éclairait subitement ! Il y avait de la couleur partout, l'atmosphère lourde et pesante avait disparu. Mon bureau était baigné de lumière. Mes angoisses ont disparu à leur tour.

J'ai transmis toutes ces informations à Tâm, qui m'a confirmé que sa mère adorait faire la fête et danser. Il le savait de sa tante maternelle, qui vivait à Paris et qui lui avait donné un album photos. Avant de décéder, Jacqueline avait en effet envoyé à sa sœur des photos d'elle prises pendant sa traversée de plusieurs mois en bateau entre la France et le Vietnam, traversée durant laquelle, chaque soir, elle se déguisait puis dansait avec des amis rencontrés sur le bateau.

Tâm est reparti bouleversé par notre rencontre et incapable de s'arrêter de pleurer. Je me suis sentie, de mon côté, bien démunie face à sa souffrance. Je l'ai regardé partir, gênée. Je ne pouvais rester avec lui plus longtemps car j'étais attendue. Je savais néanmoins qu'en entrant dans la lumière, Jacqueline les avait délivrés tous les deux.

Quelque temps après le départ de Tâm, j'ai ressenti le besoin de le revoir. Je voulais m'assurer qu'il allait mieux. Quelques semaines plus tard, il est revenu spontanément me rendre visite, il était beaucoup plus apaisé. Il m'a dit qu'il avait dû attendre soixante ans pour que le poids qui pesait sur lui disparaisse enfin. Il m'a avoué qu'après notre dernière rencontre, il avait été incapable de reprendre tout de suite sa voiture pour rentrer chez lui. Il était resté longtemps à pleurer avant de sentir en lui un gros poids le quitter. Puis il m'a annoncé que Gisèle et lui allaient quitter la Nouvelle-Calédonie pour partir vivre en Thaïlande. Sa mère était enterrée au Vietnam mais sa tombe avait été profanée par les communistes, Il ne souhaitait donc pas s'installer là-bas mais plutôt en Thaïlande qui est toute proche. Il se sentirait donc tout près d'elle.

Il m'a apporté l'album photo que lui avait remis sa tante et il m'a raconté qu'une chose étrange s'était produite à son sujet.

— Tu vois, m'a-t-il dit, cet album photo ne me quitte jamais, il représente le lien avec maman. Depuis plusieurs mois nous organisons, Gisèle et moi, notre déménagement, et je suis persuadé que j'avais mis cet album photos dans une malle qui est déjà partie pour la Thaïlande. Mais, hier soir, j'ai ouvert le tiroir d'un meuble que nous ne prendrons pas avec nous, et l'album était là. Je sais que je l'avais mis en premier dans l'une de mes malles, alors je pense que cet album est réapparu pour que je te le montre.

J'ai ainsi pu regarder les photos de Jacqueline sur le bateau en train de faire la fête. J'ai pu voir leur arrivée au Vietnam. Je me suis connectée à Jacqueline qui était bien évidemment présente. Elle allait très bien, elle était très sereine, légère. Elle flottait dans mon bureau. Elle avait un regard tendre, doux et apaisé. C'était important pour Tâm de savoir si sa mère était contente qu'il aille vivre en Thaïlande. Mais pour elle, ça n'avait pas vraiment d'importance car elle était de toute façon avec lui où qu'il aille. J'ai posé mes mains sur ses épaules pour que sa mère puisse lui transmettre tout l'amour qu'elle ressentait pour lui. Il a reçu cette très belle énergie en étant parcouru d'électricité à trois reprises. Sa mère m'a informée que son fils avait quelques problèmes de santé et, quand je le lui ai répété, il est demeuré stupéfait car effectivement c'était le cas. Il s'est engagé alors à mieux se soigner.

Avant de prendre congé, il m'a montré une épaisse chaîne en or qu'il portait autour du cou. Il m'a raconté qu'avant de quitter le Vietnam pour l'armée française, il était allé voir sa grand-mère pour lui faire ses adieux. Elle lui avait remis toutes ses économies pour qu'il achète cette chaîne en or qui pourrait être revendue en cas de problèmes financiers. Elle n'a jamais quitté son cou.

Tâm est reparti léger, après m'avoir remerciée un nombre incalculable de fois. Il m'a dit avoir compris que toutes ces années passées à vivre en Nouvelle-Calédonie n'avaient eu pour but que notre rencontre et leur délivrance.

Ses remerciements m'ont à la fois gênée et rendue heureuse pour lui.

J'aime plus que tout ces rencontres qui me permettent de ressentir l'unité qui existe entre eux et nous. Ce lien baigné de lumière.

2. Quentin, passeur d'âmes des enfants malades

J'ai reçu Nathalie, une dame d'une quarantaine d'années. Elle avait un visage souriant, de très beaux yeux verts et, surtout, se dégageait d'elle une grande douceur.

Sans perdre une minute, elle s'est installée à ma table et elle m'a expliqué sa venue. Son petit garçon, Quentin, était décédé d'une leucémie cinq ans auparavant. Il était âgé de seulement sept ans. Nathalie s'est aussitôt mise à pleurer. Elle ne vivait qu'à travers son petit garçon. Elle me l'a montré en photo. C'était un enfant très mignon et souriant. Il avait un visage rond, une bonne bouille qu'on souhaite embrasser. C'était un enfant qu'on avait envie de serrer fort dans ses bras.

Elle n'arrivait pas à faire son deuil, c'était trop difficile. Elle m'a expliqué qu'il avait été très courageux durant sa maladie, ne se plaignait jamais et remontait le moral de tout le monde autour de lui. La maladie de Quentin avait pris toute la place dans la vie de Nathalie, entre les rendez-vous avec les médecins, les séances de chimio, les séjours à l'hôpital… Elle avait mis sa vie de femme entre parenthèses.

Étant moi-même maman, j'ai compati au chagrin de cette femme, à sa douleur, à sa détresse et j'ai compris le sentiment d'injustice qui l'animait d'avoir perdu son enfant, son petit bébé innocent. Je lui ai expliqué simplement que j'allais essayer d'entrer en contact avec Quentin, mais que, peut-être, je n'y arriverais pas. En effet, j'attends toujours que la personne décédée se manifeste, et si elle ne vient pas ou si je ne la ressens pas, je ne peux rien y faire.

Je me suis concentrée, mais c'était difficile, car je ne ressentais aucune présence. Je ne sais pas si cela venait du fait que je percevais les attentes de Nathalie et que cela me mettait trop de pression, ou si c'était parce que j'étais trop bouleversée parce que je faisais un transfert entre son histoire et mes propres enfants. J'ai décidé de prendre mon temps et j'ai indiqué à Nathalie que la connexion ne se faisait pas. Soit je n'étais pas sur la même fréquence que Quentin, soit il n'était pas dans la lumière, et il allait falloir aller l'aider.

Finalement, au bout d'un moment, je suis parvenue à le ressentir. Je ne voulais pas faire de peine à sa mère, mais il n'allait pas très bien. Il était seul, il ne voulait pas la laisser. Il voulait rester collé à elle, mais il se retrouvait ainsi dans le brouillard. Il n'était pas parti vers la lumière, car il ne le pouvait pas…

Je l'ai expliqué à Nathalie avec beaucoup de douceur et en pesant mes mots. Cette information l'a touchée. Elle ne souhaitait évidemment pas ce mal-être pour son enfant. Il était très difficile pour Nathalie d'apprendre et d'accepter que son fils ne soit pas dans la lumière parce qu'il ne voulait pas l'abandonner. Tous deux s'auto-emprisonnaient dans une relation qui, de toute évidence, était néfaste pour eux deux. Dans ces conditions, Nathalie ne pouvait pas faire son deuil. Elle était déprimée et pleurait souvent.

— Que faut-il faire ? m'a-t-elle demandé.

Je lui ai suggéré de demander à Quentin de partir vers la lumière. Nathalie l'a compris. Elle avait lu beaucoup de livres à ce sujet et elle était convaincue de la nécessité d'aider Quentin. C'est alors que j'ai ressenti une autre présence. J'ai essayé de me débrancher de la fréquence de

Quentin pour mieux capter la nouvelle présence que je percevais. C'était une dame. Je lui ai demandé qui elle était.

— Je suis la grand-mère de Nathalie.

Elle m'a fait comprendre qu'elle venait chercher Quentin pour qu'il la suive vers la lumière. Elle s'est adressée à Quentin et elle lui a tendu la main en lui disant : « Viens avec moi. » Quentin ne connaissait pas cette dame. Très méfiant, il avait peur et ne voulait pas la suivre. J'ai donné à Nathalie les informations au fur et à mesure que je les recevais. Elle m'a confirmé qu'effectivement, Quentin ne connaissait pas son arrière-grand-mère. Nathalie en conservait, quant à elle, de très bons souvenirs, datant de l'époque où elle était encore une fillette. Mais il n'y avait rien à faire, Quentin restait scotché à sa mère.

Une autre présence s'est manifestée alors. J'ai procédé de la même manière : je me suis détachée des fréquences sur lesquelles j'étais branchée pour pouvoir me concentrer sur la nouvelle qui venait à moi. Cette fois-ci, le renfort est arrivé du grand-père de Nathalie. Il s'est présenté avec de petites voitures. Il s'est adressé à Quentin :

— Regarde, je t'ai apporté des petites voitures, on peut y jouer ensemble si tu veux.

J'ai senti Quentin se détendre, devenir moins stressé. Il ne percevait pas son arrière-grand-père comme un ennemi qui voulait le séparer de sa mère. Il a donc accepté de donner la main à ce monsieur qu'il ne connaissait pas et de le suivre en toute confiance vers le chemin de la lumière.

J'étais rassurée de savoir que Quentin avait enfin pu trouver sa place dans l'au-delà.

Nathalie m'a appris que son grand-père avait perdu sa première épouse écrasée par un camion… Ironie du sort, ce sont les petites voitures qui lui ont servi pour attirer son arrière-petit-fils vers la lumière.

C'était la fin de ma première rencontre avec Nathalie.

Cette consultation m'avait profondément touchée et émue alors, cette après-midi, j'avais la tête à l'envers. Je me suis hâtée d'aller chercher mes enfants à la sortie de l'école. Quelle chance et quelle joie de pouvoir les serrer si fort contre mon cœur !

Mes enfants ne se rendent pas compte de ce que je vis. Pourtant, je leur raconte certaines de mes séances, celles qui peuvent les toucher et les intéresser. Ils écoutent distraitement et je me rends compte qu'ils sont dans leur univers et que ces histoires ne les concernent pas. Leur quotidien seul compte.

Mon fils Vincent me demande de temps en temps de lui raconter mes séances sous forme d'histoires. La dernière fois, je lui ai demandé ce qu'il en pensait, il m'a répondu :

— Je ne sais pas trop quoi en penser, mais j'aime bien écouter et, des fois, je les raconte à mes amis à l'école.

Quand j'ai une séance difficile, comme celle que j'ai vécue avec Nathalie et Quentin, je ne peux m'arrêter d'embrasser mes enfants. Ils se sentent étouffés, mon comportement les énerve. Je me reprends alors, soucieuse de respecter leurs sentiments, et je redeviens la mère qu'ils connaissent. De mon côté, je me dis qu'on ne mesure pas assez la chance de pouvoir dire et montrer à nos enfants qu'on les aime. J'encourage tous les humains à remercier chaque jour Dieu ou l'Univers de leur chance d'être en vie, en bonne santé, et de vivre une vie magnifique. Notre quotidien fait que nous oublions trop souvent de remercier pour tout ce qu'on a dans notre vie. Bien souvent, les gens regardent ce qu'ils n'ont pas et oublient de remercier pour ce qu'ils ont déjà.

Grâce à mes consultations, je reçois beaucoup de piqûres de rappel qui m'aident à vivre quotidiennement dans la gratitude. Chaque jour, quand je me lève, je remercie Dieu ou l'Univers pour tout ce qu'ils me donnent. Souvent, j'explique à mes enfants que, dans la vie, plus on remercie l'Univers et plus il nous donne. Ils me regardent avec des yeux ronds, sans vraiment comprendre. Alors je leur dis :

— Vous voyez, quand vous êtes sympas, que vous faites des efforts à la maison, que vous êtes reconnaissants pour tout ce qu'on fait pour vous, on a envie de vous faire encore plus plaisir, de vous donner plus. En revanche, quand vous vous plaignez, par exemple, que ce n'est pas ce plat que vous aviez envie de manger, que ce n'est pas cette activité que vous aviez envie de pratiquer, que ce n'était pas à cet endroit que vous vouliez vous rendre… eh bien nous, parents, n'avons plus trop envie non plus de faire d'efforts. L'Univers agit exactement de la même façon avec les humains. Pour ceux qui sont dans la gratitude, il leur donne plus et encore plus, et pour ceux qui se plaignent sans arrêt, il cesse de donner.

Quelques mois plus tard, Nathalie a repris contact avec moi. Elle voulait me revoir. En principe, je n'aime pas recevoir les personnes pour une autre consultation, car j'ai le sentiment d'avoir tout délivré la première fois et j'estime que c'est à chacun de se prendre en main, d'avancer comme il le peut en menant sa propre quête spirituelle, sans chercher à recevoir à tout prix des messages « tout cuits de l'au-delà ». Je ne veux pas être une béquille pour les autres. Je ne veux pas de relation de dépendance, elle n'est bonne pour personne. De plus, je trouve que les deuxièmes, et parfois les troisièmes séances, ne sont pas aussi magiques que la première. Du coup, je suis déçue.

Mais pour le cas de Nathalie et de Quentin, c'était différent, j'avais besoin de m'assurer que tout allait bien pour lui depuis son départ vers la lumière.

Le jour du rendez-vous avec Nathalie est arrivé. J'étais prête, mes rituels étaient accomplis : bougie allumée et une musique se diffusant dans ma petite pièce. Quentin est arrivé avant sa mère. Il était à côté de moi et me regardait donner un coup de balai. J'étais déjà branchée sur sa fréquence. J'étais heureuse qu'il soit là car, ainsi que je vous l'ai déjà signalé, ce n'est pas moi qui décide de la présence à mes côtés d'un défunt. Il m'a dit :

— Tu peux choisir une fleur dans ton jardin pour l'offrir à maman ? Elle repartira avec, ça va lui faire plaisir.

Aucun problème. C'était une très belle attention qu'aucun des défunts avec lesquels j'étais entrée en contact n'avait encore exprimée. Je me suis dirigée alors vers une fleur d'hibiscus rouge, mais j'ai entendu que ce n'était pas celle-ci qu'il avait choisie, plutôt une fleur d'hibiscus rose.

Nathalie est arrivée. Je l'ai sentie plus détendue que la première fois. Elle s'est installée à la même place que la fois précédente. Je lui ai désigné aussitôt la fleur que j'avais mise dans un petit vase et je lui ai indiqué que c'était Quentin qui l'avait choisie pour la lui offrir. Elle était bouleversée qu'il ait choisi une fleur rose car, au moment de son décès, il y en avait beaucoup. Sans plus attendre, je lui ai donné des nouvelles de Quentin. Il allait très bien et je lui ai confirmé qu'il était dans la lumière, sur le même plan énergétique que ses grands-parents. Nathalie allait mieux également même si elle n'arrivait pas à faire son deuil.

Elle m'a raconté qu'elle revenait d'un voyage de méditation en Inde. Quentin m'a révélé alors qu'il s'était passé un évènement avec un animal qui l'avait beaucoup fait rire. J'ai transmis cette information à Nathalie qui s'est montrée à la fois surprise et émue car, effectivement, lors de ce voyage, elle avait trouvé un matin une petite grenouille dans sa chambre, alors qu'il n'y avait aucun point d'eau autour du site sur lequel elle se trouvait. Cette petite grenouille lui avait fait très peur et un ami était venu la déloger sans lui faire de mal. La scène était très drôle tant la peur qu'elle avait éprouvée était démesurée face à cette petite bête. Nathalie s'est montrée très touchée de savoir que Quentin avait assisté à cet épisode et qu'il avait bien ri.

Quentin nous a appris que désormais il travaillait. Il était devenu une sorte de grand frère qui accueillait les enfants à leur décès. Il m'a indiqué qu'il était très sérieux dans ce rôle, qu'il savait rassurer les enfants qui avaient peur et que ces derniers l'adoraient. Il pensait toujours à sa mère, leur lien était toujours aussi fort, mais il était désormais serein.

Plusieurs mois plus tard, Nathalie est revenue me voir une dernière fois.

Une fois de plus, Quentin est arrivé dans ma petite pièce avant sa mère. Il m'a dit :

— Bonjour, ma petite lumière de la Terre.

J'ai souri, émue de m'entendre appelée ainsi. Comme la fois précédente, il m'a fait choisir une jolie fleur dans mon jardin. Il a expliqué à sa mère qu'il devait partir pour conduire les enfants dans un lieu dont j'ignorais tout. Il nous a dit que ce n'était plus la peine d'essayer d'entrer en contact avec lui pendant un long moment, car il allait être très occupé. J'avais peur que Nathalie prenne mal cette information et se sente abandonnée. Mais non, au contraire, elle était heureuse de savoir Quentin devenu un grand frère pour beaucoup d'enfants malades. À l'annonce du voyage de son fils, elle m'a dit doucement qu'il allait lui permettre de mener à bien des projets qu'elle ne réussissait pas à faire, tant l'absence de Quentin la paralysait.

À ce jour, Nathalie est rentrée en métropole. Je souhaite de tout mon cœur qu'elle ait réussi à trouver la force de continuer son jeu-vie et qu'il lui procure des moments de bonheur.

3. Lucas, parti bien trop tôt

Plusieurs mois se sont écoulés avant que je ne reçoive Béatrice, une dame qui n'arrivait pas à faire le deuil de son petit garçon, Lucas, décédé à l'âge de quatre ans.

Elle m'a raconté l'évènement tragique qui avait détruit sa vie. Elle avait eu, il y a plusieurs années, un accident de voiture alors qu'elle était au volant. Les passagers de sa voiture étaient son petit garçon de quatre ans et sa petite fille de trois mois. L'accident avait été d'une telle violence que Lucas était décédé sur le coup. Le bébé, quant à lui, s'en était sorti miraculeusement. Les pompiers avaient dû la désincarcérer. Elle n'avait aucune force et elle était en train de mourir. Elle avait seulement réussi à demander si les enfants allaient bien. Les pompiers lui avaient menti en répondant que oui. Pour ses enfants, elle avait ensuite fait le choix de se battre. Si elle ne les avait pas eus, il lui aurait été très facile de se laisser mourir.

Ce n'est que quelques jours après son arrivée à l'hôpital qu'elle avait repris connaissance. L'enterrement de Lucas était déjà passé. En l'apprenant, elle s'était alors sentie trahie par les pompiers. Elle m'a avoué malgré tout que s'ils lui avaient dit que son petit garçon était décédé, elle se serait effectivement laissé aller…

Dix ans avaient passé mais Béatrice n'avait pas réussi à refaire surface. Elle allait très mal. Elle ne se nourrissait presque pas et c'était son mari qui soutenait leur famille. Fort heureusement, leur petite fille n'avait eu aucune séquelle de l'accident.

Quelques années après cet évènement tragique, elle était retombée accidentellement enceinte d'une autre petite fille. Malgré cette nouvelle naissance, Béatrice était triste. Il n'y avait pas de joie en elle et la vie n'avait pas repris le dessus dans cette famille. Elle m'a tendu la photo d'un garçonnet souriant, aux cheveux bruns. J'ai ressenti du désespoir, de l'obscurité, l'anéantissement d'un bonheur familial. J'ai eu énormément de mal à me connecter. La mère n'était pas réceptive, elle était engluée dans le chagrin et elle n'éprouvait aucune spiritualité.

Je ne ressentais rien, que du vide et du mal-être. Je me sentais mal à l'aise, j'avais envie de mettre un terme à cette consultation où rien ne se passait. Malgré tout, je souhaitais l'aider. Je voulais être certaine de tout tenter avant de renoncer. Je suis restée silencieuse de longues minutes. Je m'en suis excusée auprès de Béatrice. Il fallait absolument que je me mette en mode neutre si je voulais parvenir à recevoir un quelconque message. Il était certain que si je continuais à me laisser envahir par le désespoir de la mère et son mal-être, cela ne servait pas à grand-chose de continuer cet entretien. Je devais absolument reprendre confiance. J'ai appelé mes anges. J'ai récité en boucle ma phrase magique : « J'appelle tous les gentils anges du Ciel et de la Terre. » J'ai appelé Lucas. Je lui ai demandé qu'il se montre s'il était là. Je me suis aussi adressé par télépathie à un défunt potentiel faisant partie de la famille de Béatrice ou de son mari et qui pourrait me venir en aide. Malheureusement, j'ai été bien obligée de constater que mes appels restaient sans réponse. Personne n'est venu.

Béatrice ne réagissait pas. Elle était présente sans l'être vraiment. Elle gardait la tête baissée. Elle ne me regardait pas et ne cessait de pleurer. Je me sentais seule, mes anges ne parvenaient pas jusqu'à moi. Une tension s'est installée dans mon bureau. Les minutes se sont écoulées, je me sentais très nerveuse, j'avais des sueurs froides, les mains moites. C'est à ce moment que j'ai entendu les voix de mes enfants dans le jardin, juste en bas de mon bureau. Ils se plaignaient d'avoir faim et se demandaient quand j'allais venir les rejoindre. J'espérais que Christophe allait vite rentrer et prendre le relais. Eh oui, nous étions vendredi soir et il était déjà plus de 18 h 30 ! En plus de me trouver face à cette difficile réalité de ne rien ressentir et de savoir que je faisais perdre son temps à cette dame, je me reprochais de ne pas remplir mon rôle de mère auprès de mes enfants. Je culpabilisais à tous les niveaux.

C'est pour éviter ce genre de pression supplémentaire que je ne consulte pas en fin d'après-midi. Pourtant, cette fois, j'avais fait une exception pour Béatrice, car c'était son seul créneau de disponible.

J'ai rassemblé toutes mes forces pour me concentrer à nouveau. J'avais envie de pleurer, d'abandonner. Je me suis concentrée encore plus. J'ai commencé enfin à reprendre le dessus, à ne plus me faire aspirer par l'énergie négative de Béatrice, et à oublier la requête de mes enfants. J'ai réussi peu à peu à m'apaiser. J'ai respiré profondément. J'arrivais maintenant à faire le vide, à me mettre en mode neutre. C'est à ce moment que j'ai ressenti la présence de Lucas. Il est apparu à droite de sa mère. C'était un petit garçon apeuré, craintif, et perdu, qui restait accroché à sa mère. J'ai perçu qu'il allait mal, il n'était pas dans la lumière. C'est pour cette raison que j'avais autant de mal à ressentir sa présence. Comme toujours quand se présente ce genre de cas, j'essaie d'être la plus douce possible et de dévoiler mon ressenti avec beaucoup d'amour. J'ai donc expliqué à Béatrice que son enfant n'était pas parti, qu'il était là. Mais surtout, j'ai expliqué l'importance de le faire partir, de l'envoyer vers la lumière. Sa place n'était pas ici.

Elle a pleuré et exprimé son refus. J'étais surprise qu'elle ne veuille pas le délivrer. Elle m'a dit qu'elle devait d'abord en parler à son mari. Elle s'est inquiétée de savoir qui viendrait le chercher dans la mesure où aucun de leurs proches n'était encore décédé. Cette information m'a permis de comprendre pourquoi personne ne s'était manifesté quand j'avais demandé de l'aide au début de la séance. J'ai interrogé mes anges : « Qui viendra chercher Lucas ? » C'est alors que l'image de Quentin s'est imposée à moi. J'ai donc parlé à Béatrice de ce garçon. Je savais que si je l'appelais il viendrait chercher Lucas. Béatrice n'était absolument pas convaincue. Quant à moi, j'étais si heureuse d'avoir enfin trouvé une solution que les hésitations de la mère me désespéraient.

Béatrice est repartie de chez moi en me promettant de réfléchir. Si elle faisait le choix de laisser partir Lucas, elle reviendrait prochainement avec son mari.

En refermant la porte de mon bureau, j'ai ressenti beaucoup d'angoisse et un mal-être infini. De la culpabilité aussi, car j'avais le sentiment que je ne l'avais pas aidée et que je ne lui avais rien apporté. J'étais vidée, épuisée. Cependant je n'avais pas le temps de m'apitoyer sur mon sort, ma famille m'attendait. Lorsque j'ai pénétré dans la cuisine, tous les enfants étaient à table avec Christophe. Ils étaient excités d'être en week-end et tout le monde parlait en même temps. Ils riaient et ne tenaient pas en place. Personne n'a remarqué mon épuisement et ma mine défaite, sauf Christophe qui m'a tendu alors un verre de vin blanc. Du Bourgogne, évidemment.

— Tiens, chérie, je sens que tu en as besoin.

— Tu ne peux même pas imaginer à quel point !

J'avais envie de partager avec ma famille toute la peine qu'avait fait naître en moi cette consultation. Mais les enfants étaient dans leur réalité d'enfant, et quand j'ai demandé à prendre la parole, ils m'ont répondu :

— Oh non, maman, pas ce soir, on a envie d'aller jouer. On n'a pas envie que tu nous racontes quoi que ce soit.

Les enfants ont quitté la table et chacun a rejoint sa chambre avec sa tablette ou son téléphone. Seul Christophe a pris un air compatissant. J'ai vidé mon sac, les larmes sont montées, cela m'a fait du bien. Il m'a écoutée sans rien dire. La pression est retombée. J'étais tellement triste pour le chemin de vie de ces gens que je ne connaissais pas deux heures plus tôt. Après m'être douchée je suis allée dans la chambre des enfants. J'avais besoin de leur faire un gros câlin, de les embrasser et de leur dire une fois de plus que je les aimais. Pendant quelques secondes, ils ont accepté de poser leur support virtuel et de se laisser choyer quelques minutes. Je leur ai rappelé que la vie est précieuse, que nos relations sont précieuses et qu'il ne faut rien considérer comme acquis. En un instant notre jeu-vie peut être complètement bouleversé.

J'ai passé une bonne partie du week-end à penser à Béatrice et à sa famille. Je me demandais quelle décision ils allaient prendre.

Béatrice m'a rappelée le lundi matin. Tout le week-end, son mari et elle avaient réfléchi. Elle souhaitait à présent que je les reçoive tous les deux le plus vite possible, c'est-à-dire le soir même. Sans demander l'avis de Christophe, qui allait devoir, une fois de plus, assurer le début de soirée avec les enfants, j'ai accepté. Quelque part, je n'avais pas le choix, c'était si important pour Lucas, et pour eux.

Je les ai accueillis sans avoir aucune idée de la façon dont j'allais procéder. Le père était là, devant moi, mais je le sentais sceptique. Ce n'était vraiment pas une situation facile pour nous trois. Ils se sont assis de chaque côté de moi. J'ai ressenti chez eux un important mal-être et j'ai compris que finalement ils se demandaient ce qu'ils faisaient là. Je n'avais pas la confiance du papa, et Béatrice était tellement mal que je ne savais pas vraiment où elle était.

L'idée de devoir libérer Lucas pour qu'il aille bien et soit dans la lumière m'a aidée. Je suis parvenue alors à faire abstraction des parents. Lucas est devenu ma priorité. Nous nous sommes pris les mains. Je me suis concentrée de toutes mes forces, j'ai appelé Quentin qui s'est présenté aussitôt. Je lui ai expliqué la situation. Tout s'est passé très vite. Quentin a regardé Lucas, il lui a souri en lui prenant la main, et il lui a dit :

— Ne t'inquiète pas, viens avec moi et tout ira bien.

C'était comme si, à cet instant, Lucas avait oublié ce qu'il faisait là et où il était. Il n'a regardé ni sa mère ni son père. Il n'a pas posé de questions et, très simplement, ils sont partis ensemble vers la lumière. Un grand soulagement m'a envahie, j'étais sereine, j'avais le sentiment d'avoir accompli ma mission. J'ai expliqué ensuite aux parents de Lucas que leur fils était désormais en paix. Je leur ai souhaité de pouvoir réapprendre à vivre et de réussir à s'occuper de leur famille. Ils sont repartis l'esprit mitigé. Je n'avais pas réussi à trouver d'autres mots à leur dire car leur scepticisme ne m'avait pas aidée. J'étais déçue de ne pas avoir réussi à les soulager complètement, mais je savais qu'à présent ils devaient travailler sur eux et que ce n'était plus de mon ressort.

Le père de Lucas m'a téléphoné plusieurs semaines plus tard. Il s'est montré très franc avec moi. Il m'a dit qu'il n'avait pas aimé la pièce où je consultais. Il n'avait pas aimé les couleurs et les objets religieux qui s'y trouvaient. Ce monsieur est de confession juive. J'ai été surprise, car personne encore ne m'avait jamais fait ce genre de reproches. Cette petite pièce me paraît apaisante et douce. Il y a effectivement beaucoup de petits anges qui m'ont été offerts par mes amis et par des personnes que j'ai pu aider. Il y a la croix de communion de ma mère, la boule de cristal de ma grand-mère, qui était, je vous le rappelle, voyante. Je m'y sens en sécurité, enveloppée, protégée. Ce lieu me permet de m'abandonner et de pouvoir lâcher prise pour me connecter.

Le père de Lucas m'a dit aussi qu'il n'avait rien ressenti et que tout lui avait semblé bizarre.

Néanmoins, un poids en lui avait disparu et il souhaitait me remercier pour cela. Il aurait aimé recevoir un signe extraordinaire de son fils et il était déçu que rien de magique ne se soit produit.

J'ai compris que la plupart des personnes qui viennent me voir attendent des signes miraculeux de la part des défunts. Malheureusement, même si j'aimerais beaucoup pouvoir les satisfaire, c'est rarement le cas. La connexion avec l'au-delà s'établit grâce à de petits signes qu'il faut savoir reconnaître.

Ce serait fabuleux s'il se passait des choses beaucoup plus extraordinaires, mais j'ai appris et compris que ce je ressens est déjà énorme. De plus, les personnes décédées ont besoin de beaucoup d'énergie pour faire passer leurs messages.

4. Une odeur de brûlé

Une jeune femme est venue me voir en consultation. Ce jour-là, il faisait très beau et très chaud mais, malgré le ciel tout bleu, elle était tout de noir vêtue. En Nouvelle-Calédonie nous portons rarement du noir, surtout par beau temps.

Elle était assez grande, très mince. Elle avait de longs cheveux noirs et lisses qui lui arrivaient au milieu du dos. Elle paraissait apeurée, fragile, triste, éteinte. Elle s'appelait Catherine. Avec beaucoup de douceur, je lui ai demandé ce que je pouvais faire pour elle. Elle m'a expliqué qu'elle n'avait pas d'ami, qu'elle vivait seule avec son chat. Elle avait bien eu quelques petits copains, mais ce n'étaient que des relations de courte durée. Je l'ai écoutée attentivement, elle était en réelle détresse.

Tout à coup, elle m'a regardée fixement de ses beaux yeux noirs pour me confier, gênée, que ce qui lui posait le plus de problèmes dans son quotidien était une odeur persistante de brûlé. Elle m'a expliqué qu'elle était contrainte depuis très longtemps de vivre avec cette odeur : le soir, le matin au réveil, la journée au travail. Elle était à bout de nerfs, car cette odeur était très envahissante. Je me suis concentrée et je me suis connectée à tous mes gentils anges du Ciel et de la Terre, mais je n'ai ressenti qu'un épais brouillard. Je lui ai alors avoué que je ne recevais aucune information, que j'en étais sincèrement désolée et je lui ai fait part du brouillard que j'avais perçu.

Au moment où j'allais mettre fin à la séance, faute d'avoir pu l'aider, j'ai ressenti la présence d'un homme du passé. Il s'est placé juste à côté de moi, sur ma gauche. Une angoisse m'a prise alors et ma gorge s'est nouée. Ce n'était pas quelqu'un de gentil, il me faisait peur. Il portait une tunique noire et une longue cape qui traînait jusqu'au sol. Il avait une barbe noire. Je le ressentais très négatif, en colère, agressif.

J'ai appris que les gens méchants sont des personnes en souffrance, aussi je lui ai demandé par télépathie si je pouvais l'aider. Je voulais bien l'écouter mais je souhaitais surtout savoir ce qu'il attendait de moi. Il m'a expliqué alors qu'il était un grand sorcier qui avait vécu vers 1600 après Jésus-Christ. Il m'a appris que la jeune femme qui était devant moi était aussi une sorcière. Ils étaient très amoureux, mais ils avaient été séparés car il avait été brûlé vif sur un bûcher. Il était présent dans sa vie, car il ne voulait pas qu'elle soit avec un autre homme. Je lui ai demandé pourquoi elle sentait cette odeur de brûlé qui la suivait partout. Il m'a répondu que c'était le seul moyen qu'il avait trouvé pour se manifester et qu'elle ne l'oublie pas. À présent, je me devais de transmettre le message que j'avais reçu à cette femme, au risque de passer pour une cinglée.

Elle a écouté attentivement mes explications et m'a demandé simplement s'il était possible de remédier à cette situation. J'ai interrogé de nouveau le sorcier et il m'a répondu que ce qui le préoccupait plus que tout était la peur d'être oublié. Il souhaitait que leur amour passé soit reconnu. Nous avons fait, lui et moi, un pacte. Il la laisserait tranquille si elle reconnaissait qu'ils s'étaient aimés, et si elle ne l'oubliait pas. J'ai donc conseillé à la jeune femme de rentrer chez elle, d'allumer une bougie et de parler à cet homme en le rassurant. Elle devait lui dire qu'elle croyait à leur histoire passée, lui demander qu'il la laisse vivre une vie normale, même s'ils n'avaient pas pu se retrouver dans cette vie. Elle devait également lui envoyer beaucoup d'amour et de lumière. Elle est repartie en promettant qu'elle ferait le nécessaire, une fois rentrée chez elle.

Quinze jours plus tard, mon téléphone a sonné. Elle m'appelait pour me donner des nouvelles. Elle avait suivi le protocole et, même si elle n'avait pas encore rencontré son prince charmant, l'odeur de brûlé avait complètement disparu. Elle m'a remerciée, une nouvelle vie commençait pour elle. Elle était délivrée.

Ce n'était pas la première fois que je ressentais la présence d'une personne décédée, négative et toxique pour nous, les vivants. Il n'est jamais agréable pour moi qu'une telle entité se présente. Je la ressens comme méchante, agressive et terrifiante. Et j'ai toujours peur de ne pas réussir à m'en débarrasser. Car une telle entité restera chez moi jusqu'à ce que je trouve ce qui la retient ici et que je l'en délivre. Ce n'est jamais pour moi que j'ai peur, mais pour mes enfants et mon mari. Je me dis que je n'ai pas le droit de leur imposer ce genre de présences à la maison, car, même si mes enfants n'ont encore rien perçu, je ne veux pas les perturber avec « mes problèmes ».

Il m'est souvent arrivé, la nuit, d'être réveillée par une odeur de cigarette très forte, alors qu'il n'y a aucun fumeur chez nous. Avant que je comprenne qu'il s'agissait d'une entité, je réveillais mon mari pour qu'il aille voir si quelqu'un était entré chez nous. Je suis très peureuse. Ne voyant personne, il revenait se coucher et me rassurait en me disant : « C'est encore un fantôme, vois avec lui ce qu'il veut », et il se rendormait aussitôt.

Ma façon de procéder est la suivante : je demande à l'entité ce qu'elle fait chez moi. Parfois elle est simplement perdue, il n'y a rien de grave, alors je la rassure comme je peux, j'appelle tous mes gentils anges du Ciel et de la Terre pour qu'ils viennent la chercher et je me rendors.

Christophe perçoit aussi, de temps en temps, des entités. Il sait donc que cela existe. Il n'en a pas peur, mais il considère que c'est mon « job », et il ne veut pas que leur présence interfère dans notre vie.

En août 2008, il m'a fait la surprise de m'emmener à Venise et, même si cette escapade en amoureux fait un peu cliché, j'étais folle de joie.

Dès notre arrivée, nous sommes allés visiter le palais des Doges. Ayant regardé *La Courtisane* un nombre incalculable de fois, j'étais heureuse d'être projetée dans l'univers de l'un de mes films préférés.

Quand le palais des Doges a été construit, il avait une structure semblable à celle classique d'un château fort, avec des tours aux quatre coins, et il se trouvait dans une zone stratégique pour accéder à la mer. Après des siècles d'incendies et de rénovations ce magnifique édifice est devenu le palais qu'on peut admirer aujourd'hui. Il ne faut pas oublier qu'à partir de ce palais, cent vingt Doges ont dirigé le destin de la ville de Venise depuis près de mille ans.

À l'heure actuelle, le palais Ducal est un musée qui présente des expositions historiques ouvertes au public. Je dois signaler, car ce fait a son importance, que la visite de ce palais se termine par la prison. Comme la plupart des touristes, nous avons commencé par nous balader dans les petites ruelles, puis nous avons décidé de terminer notre journée par la visite du palais des Doges. C'est vraiment très beau, les pièces sont décorées avec goût. Mais nous ignorions alors que le sens de la visite allait nous conduire jusqu'aux cellules…

Tout se déroulait à merveille, jusqu'à ce qu'on arrive dans les prisons. Tout à coup, j'ai été prise d'angoisse. Je me suis sentie très mal dans ces cellules qui sont pourtant complètement vides. J'entendais les âmes pleurer et hurler. C'était terrible ! Je me suis demandé comment autant de fêtes pouvaient être organisées aux étages supérieurs, alors que dans ceux du dessous les gens mourraient de façon sordide. Je suis sortie précipitamment pour ne plus avoir à ressentir ces pauvres âmes prisonnières.

Le soir, après le dîner, nous sommes rentrés à notre hôtel, un petit *palazzo* dans le centre de Venise. La nuit, j'ai été réveillée par une entité, un homme très méchant, qui voulait aspirer mon âme. C'était terrible, je n'arrivais plus à bouger. Il ne parlait pas mais il a tenté de se connecter à mon esprit pour absorber mon énergie. Je n'avais aucune idée de la façon dont je devais réagir car c'était la première fois que cela m'arrivait. Je me suis donc laissée « absorber » pendant quelques secondes avant de pouvoir bouger et agir. J'avais la sensation d'être dans le film *Harry Potter*, quand « les détraqueurs » aspirent l'âme d'Harry. Sauf que moi, je n'avais pas de baguette magique pour les repousser…

J'ai donc rassemblé toutes mes forces pour parvenir à appeler mes gentils anges du Ciel et de la Terre, et j'ai répété plusieurs fois, comme un mantra, en y mettant toute ma conviction, la phrase suivante : « Je suis du côté de la lumière et du bien. » J'avais la sensation que je livrais là un long combat avec lui. L'entité a disparu d'un seul coup. Mon cœur battait la chamade, je me sentais très mal et j'ai eu beaucoup de mal à réussir à m'endormir.

J'étais en même temps très étonnée et heureuse d'avoir compris comment me débarrasser d'une telle entité, et cela pourrait me servir si le cas se représentait un jour. Cette situation angoissante n'a pas manqué d'arriver de nouveau par la suite. J'ai alors réussi à me détacher beaucoup plus facilement et rapidement de l'entité gênante. Par exemple, lors d'un voyage au Japon, en 2009, à Nara où, par souci d'authenticité, j'avais choisi de réserver un très bel hôtel centenaire situé au milieu d'un parc jouxtant un lac : le Nara Hôtel. J'avais réservé trois nuits pour un séjour en amoureux avec mon mari.

Les deux premières nuits, je n'ai pas réussi à dormir. Il y avait au pied de mon lit un samouraï très méchant qui me fixait sans parler et une dame japonaise qui me demandait si j'avais vu son petit garçon qu'elle ne retrouvait pas. Ces deux entités n'appartenaient pas à la même époque et elles ne se voyaient pas. Ce que je voyais n'avait rien à voir avec le cas décrit à Venise car, cette fois-ci, les deux entités ne cherchaient pas à m'aspirer. Pour le samouraï, je ne savais pas ce qu'il voulait, car il restait là à me fixer sans parler. Quant à la dame, mon ange m'a dit qu'elle cherchait son fils qui s'était noyé avant sa propre mort à elle, dans le lac situé à côté de l'hôtel. L'ange m'a révélé qu'elle ignorait que son fils s'était noyé et qu'on n'avait jamais retrouvé son corps. Le petit garçon n'avait pas trouvé la lumière. Il errait, mais il n'était pas sur le même plan énergétique qu'elle. De son côté, elle errait également car elle ne voulait pas partir sans lui.

Je ne savais pas quoi faire. Le samouraï me décontenançait avec son regard méchant. Je me tournais et me retournais dans le lit, agacée qu'il reste planté devant moi comme ça. Soudain, j'ai eu l'idée d'appeler à l'aide mon ange. Aussitôt, ce dernier m'a donné la marche à suivre :

— Crée une boule de lumière autour de toi et tout ira bien.

J'ai suivi son conseil et j'ai réussi à me rendormir très rapidement. Le lendemain matin, j'ai raconté à mon mari, toute joyeuse, comment j'avais réussi à me débarrasser des deux entités. Il m'a répondu :

— Tu aurais dû m'en parler plus tôt, moi aussi j'ai ressenti des présences. Et depuis hier, je me suis mis dans une boule de lumière, du coup j'ai parfaitement dormi.

J'étais stupéfaite d'apprendre qu'il avait compris l'astuce avant moi, et tout seul.

La troisième nuit, personne n'est venu troubler mon sommeil. Cette expérience m'a appris à me protéger des entités, mais pas à les délivrer. Ça, j'ai su le faire plus tard, en 2015.

En septembre 2013, nous avons entrepris de visiter la Bretagne. Cette fois-ci, nous avons posé nos valises dans un manoir transformé en chambres d'hôtes et en salles des fêtes pour des réceptions.

En arrivant au manoir, nous avons été surpris de tomber sur une pelleteuse et de voir d'importants trous creusés ici et là dans le jardin. Nous étions presque les seuls clients. Notre hôtesse, propriétaire des lieux, une dame charmante, la quarantaine passée, nous a accueillis et nous a montré notre chambre. Dès notre arrivée, j'ai ressenti que nous n'allions pas être seuls dans notre chambre. J'ai averti mon mari.

— Ah non, tu ne vas pas recommencer, nous sommes en vacances, j'aimerais bien être tranquille.

Après nous être rafraîchis, car nous arrivions de Paris, nous sommes allés retrouver notre hôtesse qui nous attendait pour une tasse de thé. Nous avons échangé des banalités : d'où nous venions, pourquoi nous avions choisi de visiter ce coin de France, etc. Puis je me suis hasardée à lui demander comment elle était devenue propriétaire de ce manoir. Elle m'a répondu que c'était en fait un héritage paternel. Comme je semblais lui inspirer confiance, elle m'a confié que son arrière-grand-mère avait voulu un étang sur le terrain à côté du manoir. En le faisant creuser, elle était tombée, par hasard, sur un coffre rempli de pièces d'or anciennes. En faisant elle-même des recherches sur le passé du village, l'arrière-grand-mère avait appris qu'une légende racontait qu'il existait dans sa propriété trois trésors cachés. Quelque temps plus tard, toujours en creusant son étang, elle est tombée sur un autre coffre rempli lui aussi de pièces d'or. Quelle joie ! Notre hôtesse nous a expliqué que, grâce à cet argent, son arrière-grand-mère avait pu faire faire des travaux d'amélioration du manoir. Cependant, jamais le troisième trésor de la légende n'avait été retrouvé. Elle nous a expliqué ainsi la présence d'engins de chantier et tous ces trous creusés au hasard.

Elle poursuit ses explications :

— Chaque week-end, avec des amis, nous creusons dans le jardin pour trouver le troisième trésor. Toutes les hypothèses possibles et imaginables ont été envisagées. Des dessins ont été tracés en suivant des mesures au cas où les trésors auraient été enterrés selon un plan bien précis ou de façon à former un triangle.

Emballée par cette histoire, je me suis permis de lui dire que j'étais médium et que, dès mon arrivée, j'avais ressenti la présence d'entités dans ma chambre.

— Cela ne m'étonne pas du tout, vous n'êtes pas la première à me le dire.

Je lui ai proposé d'essayer d'entrer en contact avec son arrière-grand-mère pour qu'elle m'en dise plus sur ces trésors. Nous nous sommes quittées sur un accord, en nous donnant rendez-vous pour le petit-déjeuner.

Après m'être couchée, j'ai ressenti que nous n'étions pas seuls dans la chambre. Les entités de l'après-midi étaient toujours présentes et j'avais hâte d'en savoir plus. J'avais le sentiment d'être au cœur d'une enquête, et j'adorais ça. Mon mari, quant à lui, était en pleine forme et le fait de nous retrouver en amoureux loin des enfants lui donnait des envies… Quant à moi, je n'étais pas disposée à me donner en spectacle devant je ne sais qui, ou alors uniquement sous les couvertures. Je sais, pas très glamour comme idée ! Mais j'ai fait comme j'ai pu. La phrase de mon mari : « Ah non, pas des fantômes, j'aimerais être tranquille ! », prenait alors tout son sens.

Une fois Christophe endormi, j'ai pu me concentrer sur les présences autour de moi. L'arrière-grand-mère s'est manifestée très rapidement. Je lui ai demandé si elle pouvait m'en dire plus sur le trésor non découvert. Elle m'a expliqué que, malheureusement, il n'y avait pas de troisième trésor et que son arrière-petite-fille perdait son temps à le chercher. Elle m'a fait part également d'autres informations personnelles à lui communiquer.

J'étais quelque peu déçue. J'aurais adoré pouvoir aider à la découverte d'un trésor. Je me suis endormie, mais pas pour très longtemps, car j'ai été réveillée par la présence d'un soldat anglais d'une autre époque. Il était vêtu d'une armure. C'était le gardien des trésors. Il m'a expliqué qu'il avait été laissé là pour prendre soin des trésors, mais qu'il trouvait le temps long en attendant les renforts. Il n'était pas du tout agressif. Il était perdu, démotivé et fatigué. Son allure était cependant impressionnante. Il était grand et robuste, et malgré son armure, j'entrapercevais des haillons. Il portait une barbe et il avait une longue épée. Je ne faisais pas trop ma maligne… Il n'avait pas conscience que les trésors avaient été découverts, ni qu'il était mort. Je pense qu'il avait été oublié et que ses camarades étaient décédés en le laissant ainsi, perdu au milieu de ce champ. Je n'ai pas osé lui dire que les trésors avaient été découverts de peur de le mettre en colère. Je ne savais pas quoi faire de lui, et il ne m'est pas venu à l'idée d'appeler mon ange à la rescousse. Ensuite, le soldat a quitté la pièce pour effectuer sa ronde de surveillance.

Le lendemain matin, nous avons retrouvé notre hôtesse dans la salle réservée au petit-déjeuner. Nous étions les premiers, aussi je me suis empressée de transmettre les informations réunies au cours de la nuit. Je l'ai sentie très déçue de l'absence de troisième trésor. Je crois qu'elle comptait vraiment le retrouver, et elle avait déjà dû élaborer quelques projets financiers. Délicatement, je lui ai transmis les informations personnelles provenant de son arrière-grand-mère, lesquelles lui prédisaient des moments difficiles. Notre hôtesse m'a dit comprendre ce dont il s'agissait et elle n'a pu alors retenir ses larmes. Un couple de touristes pénétrant au même moment dans la pièce, elle s'est très vite reprise pour faire bonne figure devant ses nouveaux hôtes.

Nous avons réussi par la suite à échanger encore un peu avant que Christophe et moi ne reprenions la route en direction du Mont-Saint-Michel. C'était la première fois que je le visitais. Qu'il est beau et majestueux ! Nous sommes montés découvrir l'abbaye tellement impressionnante, tant par son architecture que par sa situation géographique.

Je me suis assise quelques instants dans l'église pour me recueillir. Il y avait beaucoup de touristes du monde entier. L'ambiance était calme et sereine et nous étions irradiés par une belle luminosité. En me connectant, j'ai ressenti la présence des anges gardiens de chacune des personnes présentes. C'était vraiment émouvant, car ils se parlaient tous entre eux. J'ai compris qu'ils étaient heureux de se revoir, comme si cela faisait longtemps qu'ils ne s'étaient pas retrouvés. J'ai été très touchée de pouvoir ainsi assister à leurs retrouvailles. J'ai ainsi découvert que les anges gardiens ne se retrouvent pas entre eux quand ils le veulent mais seulement quand leurs protégés se retrouvent dans un même lieu. Je suppose donc qu'ils sont rattachés au lieu géographique de l'humain qui leur est confié. N'ayant jamais pu expérimenter de nouveau ce ressenti, je n'ai pas d'autres points de comparaison pour affirmer ou infirmer ce que j'avance.

En 2015, j'ai enfin appris à aider une âme errante à rejoindre la lumière. J'avais, à cette époque, une amie qui n'arrivait pas à vendre sa maison de Nouméa. Son souhait était de retourner vivre dans notre région commune : la Bourgogne.

Le froid et les feux de cheminée lui manquaient beaucoup. Mais, pour pouvoir rentrer, elle devait d'abord réussir à vendre cette maison. J'ai trouvé cette idée de repartir vivre en Bourgogne saugrenue, même si j'adore ma région, la route des Grands Crus, la ville de Dijon où j'ai passé toute mon enfance et mon adolescence, mais le climat, lui, ne me manquait en aucune façon. J'aime la Nouvelle-Calédonie, notamment pour son soleil et son ciel bleu.

Mon amie m'a proposé de venir chez elle pour voir si je parvenais à ressentir un quelconque blocage. Je n'ai pas l'habitude de pratiquer ce genre d'exercice, j'ai un ami Benjamin qui, lui, est un expert pour aider les autres dans ce type de problèmes, néanmoins, j'ai accepté de l'aider.

Ce soir-là, chez Virginie, nous étions plusieurs invités. À la fin du repas, elle m'a demandé si je pouvais aller jeter un coup d'œil dans son jardin et dans les pièces de sa maison. Elle habitait un quartier récent de Nouméa, Le domaine Tuband, où toutes les maisons ont un peu plus de dix ans. En me promenant dans son jardin, j'ai ressenti des présences, mais ensuite plus particulièrement dans sa chambre à coucher. Je lui en ai fait part et Virginie m'a demandé de tenter de les faire partir. Je savais qu'il y avait des âmes errantes par ici car c'était le quartier où j'habitais en 2005, à la naissance de mon fils, Vincent, à l'époque où les fantômes me terrorisaient encore. Avant que le lotissement ne soit construit, il y avait des squats sur ces terrains. Les squatteurs ont été relogés dans des logements sociaux. Quant aux entités, elles sont rattachées à l'histoire du terrain.

Je me suis installée par terre, au centre de sa chambre, et j'ai appelé une à une les entités présentes. Elles n'étaient pas méchantes. Elles ne savaient pas qu'elles étaient décédées et j'ai ressenti leur solitude. J'ai parlé à chacune avec douceur pour leur expliquer qu'elles devaient rejoindre la lumière et qu'elles n'étaient pas bien ici. Le point commun entre toutes ces entités était la peur. Elles étaient terrorisées à l'idée de devoir partir, ne sachant où aller.

Comment m'y prendre pour les aider à partir ?

J'ai pensé alors à appeler mes anges à l'aide. J'ai prononcé ma formule magique : « J'appelle tous les gentils anges du Ciel et de la Terre. » J'ai été aussitôt entendue. Ils m'ont dit de créer un puits de lumière et de convaincre les âmes de l'emprunter. Une amie, présente à la soirée, qui sait aussi agir au niveau énergétique, m'a affirmé qu'elle ressentait à cet instant précis les entités que je pouvais lui décrire. Elle m'a proposé de se concentrer avec moi pour créer ce puits de lumière qui aiderait les âmes à partir. Par télépathie, je leur ai parlé avec douceur et bienveillance. Je leur ai assuré qu'elles étaient en sécurité et qu'elles pouvaient se laisser guider pour entrer dans la lumière où les anges les attendaient.

Petit à petit, une, puis deux, puis trois entités sont parties. Mais, au fur et à mesure, de plus en plus d'entités arrivaient. Mon amie et moi avons compris alors qu'avec ce puits de lumière, toutes les entités des environs affluaient, attirées par ce courant énergétique. Pour chacune d'entre elles, il fallait prendre le temps de la rassurer, de l'encourager, de lui expliquer que c'était pour son bien, etc.

Elles étaient de plus en plus nombreuses à se laisser convaincre de partir rejoindre la lumière. De notre côté, notre concentration s'affaiblissait. C'était très difficile de rester concentrées. Au bout d'environ une heure, j'ai ressenti que notre intensité était devenue trop faible. Nous nous sommes alors arrêtées.

La maison a fini par être vendue et je ne pourrais pas dire si ce sont les entités qui étaient présentes qui bloquaient la vente, mais ce qui compte pour moi, c'est le nombre d'entités que nous avons réussi à délivrer ce soir-là, même si je suis persuadée qu'il en reste encore.

J'ai compris, au travers de cette expérience, que j'étais une passeuse d'âmes.

Cette nouvelle mission que je me suis découverte me plaît beaucoup et, dès que l'occasion se présente, je ne manque pas d'aider les âmes à partir dans la lumière. Je pense que les âmes perdues sont celles qui ont manqué de l'amour de leurs proches au moment de leur décès, ou qui sont retenues par une tâche qu'elles n'ont pas encore accomplie et qu'elles souhaitent pouvoir terminer. Un peu comme dans le film *Ghost*, avec Patrick Swayze et Demi Moore.

Pour résumer un peu l'intrigue, Sam, interprété par Patrick Swayze se fait tuer un soir, lors d'une agression. Il n'emprunte pas le puits de lumière qui se présente à lui. Il reste à errer dans la ville sous la forme d'un fantôme. Il parvient à communiquer avec une médium, à qui il demande de l'aide pour qu'elle entre en contact avec sa femme, interprétée par Demi Moore. À eux trois, ils vont enquêter sur l'identité du meurtrier. À la fin du film, le meurtrier et le commanditaire de l'assassinat sont démasqués, puis tués. Le puits de lumière se présente à nouveau à Sam qui, cette fois-ci, sa mission étant terminée, l'emprunte pour partir dans l'au-delà.

J'ai rencontré, il y a deux ans, une amie, Anne-Christine, qui s'est découvert également un don de passeuse d'âmes. Cette rencontre me permet désormais de pouvoir échanger avec elle sur ce sujet. Je lui ai donné ma tactique et elle m'a donné la sienne. Sa façon de procéder, en plus de la mienne, est de prendre les entités par la main pour les conduire tout le long du puits de lumière. J'ai trouvé cette idée géniale, car avant il me fallait beaucoup de concentration pour maintenir le puits de lumière actif, jusqu'à ce que l'entité le parcoure complètement. En effet, une entité apeurée et donc hésitante mettait beaucoup trop de temps à avancer par rapport à ma capacité à maintenir la source de lumière active. Maintenant, le simple fait de prendre sa main suffit généralement à la rassurer pour franchir le chemin qui va la conduire au bout du puits.

J'accomplis ce rituel dès que l'occasion se présente, lors de mes voyages, dans les églises, les monuments anciens… Partout où je me trouve.

Je pense que ce sont les anges qui me permettent de voyager ainsi et qui m'emmènent dans des lieux improbables où je pourrai délivrer des âmes perdues.

Je leur en suis très reconnaissante car délivrer une âme perdue m'apporte beaucoup de joie. De plus, les âmes délivrées ne m'oublient pas, elles reviennent parfois me rendre visite et m'assurent de leur protection. Je mesure cette chance extraordinaire d'avoir autant d'amis dans l'au-delà. Les êtres divins interviennent dans notre vie pour nous aider, pour comprendre des situations.

CHAPITRE IV.

Apparitions inopinées

1. Un 7 septembre sur la terre

Joëlle est née le 7 septembre 1954 à Oran, en Algérie. C'était une petite fille arrivée dans une famille où elle n'était pas attendue. Elle a commencé ainsi sa vie, dans une famille déchirée. Son père est mort alors qu'elle n'était âgée que de quatre ans.

Très vite elle a compris qu'elle ne pouvait compter que sur elle-même, et elle a grandi comme poussent les fleurs des champs, sans tuteurs, mais avec une grande foi dans son cœur. Elle s'est trouvée déracinée à l'âge de huit ans, en 1962, lorsque l'indépendance de l'Algérie a été proclamée, et elle s'est retrouvée avec sa famille, en France, sans un sou en poche. Ils avaient tout perdu et il fallait reconstruire.

Au fond de son cœur, il y avait cette étincelle de vie qui lui donnait courage et joie. De la joie, elle en trouvait partout autour d'elle, dans les arbres, les fleurs, les animaux, la musique et la danse.

Lorsqu'à dix-huit ans, sa mère l'a mariée à un homme de onze ans son aîné, elle y a vu un signe du destin et s'est accrochée à l'idée qu'elle serait une merveilleuse mère et une magnifique épouse. Elle s'est créé un monde imaginaire comme celui de Chantal Goya. Elle chantait tout le temps cette chanson : « Dans notre maison, on ne voudrait pas être ailleurs, car c'est la maison, c'est la maison du bonheur. »

Malheureusement sa vie réelle ne ressemblait pas vraiment au conte de fée qu'elle se forçait à croire. Elle ne savait pas qu'on ne peut créer sa réalité que pour soi-même et que chacun est responsable de ses actes. Son souci du perfectionnisme la rongeait. Elle aurait aimé que tout soit parfait : ses enfants, son mari, sa maison. Hélas tout ce petit monde n'allait pas forcément dans son sens. Chaque membre de sa famille agissait selon ses envies et ses besoins, sans vraiment faire attention à elle. De son côté, elle se démenait pour faire plaisir : elle préparait les plats préférés des enfants, de son mari, elle s'occupait à merveille de la maison pour que cette dernière soit toujours impeccable. Elle avait une soif inépuisable de reconnaissance, qui, hélas, n'arrivait pas autant qu'elle l'espérait.

Alors, même s'il y avait des hauts, il y avait beaucoup de bas. Ses peurs nocturnes des évènements de la guerre d'Algérie venaient beaucoup la tourmenter. Et puis son mariage n'était pas une réussite, elle n'avait pratiquement aucun point commun avec son mari qui ne la comprenait pas. Lui, de son côté, travaillait beaucoup pour que sa famille ne manque de rien, et c'était le cas. Elle oscillait ainsi entre des moments de joie et de grands moments de dépression. Mais ce qui lui donnait du baume au cœur, c'était ses trois enfants, deux garçons et une fille.

Dans ces moments de bien-être, elle lisait énormément de livres sur la psychologie, qu'elle partageait avec sa fille qui était très réceptive au développement personnel. Elle arrivait à être une femme merveilleuse, pleine de joie, d'entrain et de chaleur. Elle savait écouter, conseiller ses amis comme personne, organiser de magnifiques dîners, et elle était très investie dans l'association de parents d'élèves de l'école primaire de ses enfants. Elle créait beaucoup de joie autour d'elle.

Cependant, à l'adolescence de ses enfants, elle s'est sentie beaucoup moins utile, elle a ouvert les yeux et compris qu'elle n'avait pas réussi à créer la vie de ses rêves : ses enfants ne faisaient pas forcément les choix qu'elle aurait aimés pour eux et elle se sentait mal aimée par son mari... Le choc de ce constat l'a plongée dans une profonde dépression. C'est alors qu'elle a rencontré un ami qui lui a tendu la main, il s'appelait Alcool.

Alcool était un faux ami, il était sournois. Il faisait croire à sa victime qu'il viendrait la sauver de ses peurs, de ses démons et de ses désillusions. Il arrivait à convaincre sa proie que, si elle l'adoptait complètement comme compagnon de vie, celle-ci serait pleine de couleurs, de douceur et de tranquillité. Alors, petit à petit, Joëlle s'est laissé aller. Elle a fait entièrement confiance à son nouvel ami, c'était si facile et si doux. Dès le départ de leur relation, elle avait remarqué qu'avec lui ses angoisses s'estompaient. Mais le moment est advenu où elle s'est rendu compte que son ami l'étouffait et qu'un vide s'était formé autour d'elle. Dans ses sursauts de lucidité, elle prenait conscience qu'il y avait un grave problème dans sa vie, alors elle appelait à l'aide. Elle attendait désespérément qu'on vienne la sauver car elle ne trouvait plus la force de le faire seule. Son entourage lui demandait de rompre avec Alcool. Certains jours, elle parvenait à ne plus le faire entrer dans sa vie, et son entourage reprenait espoir. Mais, parfois, il lui manquait tant qu'elle était obligée de le voir en cachette et de le cacher un peu partout dans son appartement, même dans les endroits les plus improbables. Son entourage qui avait déjà bien assez à faire avec ses propres problèmes, se décourageait et baissait les bras de la voir mentir et s'enfoncer de plus en plus. Elle a divorcé de son mari qui, malgré tout, est resté proche d'elle. Elle pouvait continuer à compter sur lui en cas de besoin. Elle se devait de parvenir seule à quitter définitivement Alcool.

Après plusieurs années de lutte et de réconciliation avec ce dernier, elle a perdu la guerre et elle est décédée, seule dans son appartement, un jour de mars 2007, soit trois mois avant mes trente ans.

Joëlle était ma maman.

Ce 26 mars, en arrivant à mon travail, j'ai trouvé dans ma boîte mail un message de l'une de mes cousines qui me demandait de la joindre, quelle que soit l'heure à laquelle je lirais son message. Très inquiète, j'ai sauté aussitôt sur le téléphone. Cet appel n'a duré que quelques secondes. Ma cousine, gênée, m'a appris que maman était décédée. Ce sont les pompiers qui l'avaient trouvée dans son appartement après l'appel inquiétant de son médecin traitant, ne la voyant pas venir à sa consultation habituelle qu'elle ne manquait jamais.

À l'annonce de son décès, j'ai éprouvé beaucoup de colère. J'étais folle de rage qu'elle ait perdu son combat alors qu'elle m'avait si souvent promis que, grâce à ses différentes cures, elle s'en sortirait. Je me sentais trahie, abandonnée.

J'ai aussitôt appelé mon petit frère, Paul pour lui annoncer la nouvelle. Il est venu me chercher à mon travail et nous sommes partis dans une agence de voyage. Trouver deux places pour Paris a été très facile, la dame de l'agence nous expliquant qu'Air France gardait toujours quelques places pour les urgences. Le soir même, mon petit frère et moi étions à bord d'un avion pour Dijon. Nous sommes restés silencieux durant les vingt-quatre heures de vol. Nous ne parvenions pas à parler.

Au départ, j'étais partie par devoir, car son super-ami Alcool avait causé beaucoup de dégâts dans nos merveilleuses relations et il les avait, au fil des années, complètement massacrées.

Le lendemain de mon arrivée, une partie de ma famille m'attendait pour la mise en bière. Je n'avais aucunement envie d'y assister. Je ne voulais pas voir son corps, qui était pour moi un corps étranger tant il était devenu méconnaissable, déformé par la boisson. Mais je me suis forcée à entrer dans la pièce. Cependant, je n'ai pas réussi à m'approcher de son cercueil encore ouvert. C'est alors qu'elle est apparue à mes côtés. Elle avait vingt ans. Elle avait retrouvé son corps de jeune femme, sculpté par la danse, et ses longs cheveux noirs. Elle s'est mise sur ma droite et elle m'a dit :

— Tu ne veux pas qu'on sorte d'ici ? C'est sordide ! Nous pourrions nous retrouver toutes les deux dehors.

Je lui ai répondu que cela me paraissait difficile. Vis-à-vis de notre famille et des conventions, je ne le pouvais pas. En mars 2007, je commençais seulement à m'ouvrir à ma mission et ma famille ignorait complètement le message que j'avais reçu en août 2006. Nous sommes restées toutes les deux, à trois mètres du cercueil, à faire semblant d'être tristes. Mais j'étais heureuse de la retrouver comme avant. Elle était redevenue mon alliée, ma meilleure amie. Nous avions envie de rire toutes les deux, de faire les folles, comme lorsque j'étais petite fille. Je me souviens que la sœur de ma mère me regardait bizarrement. Elle m'a dit sur un ton autoritaire :

— Allez, ma fille, viens embrasser ta mère pour la dernière fois.

— Non, tata, je n'en ai vraiment pas envie, laisse-moi.

Comment lui dire que j'étais déjà avec ma mère et que nous avions toutes les deux envie de fuir cette pièce ?

Avant l'enterrement, j'avais pris le temps de rendre visite à tous les membres de ma famille. Ce qui revenait dans toutes les discussions était sa relation avec Alcool. La nuit qui précéda ses obsèques, je ne suis pas parvenue à dormir. J'allais mal, j'avais le sentiment que toutes ces discussions trahissaient ma vraie mère. Je me rendais compte que les gens gardaient seulement le souvenir d'une alcoolique, alors qu'en fait ma mère était bien autre chose.

Je me suis levée, j'ai appelé tous mes gentils anges du Ciel et de la Terre. Je leur ai demandé qu'ils m'aident à écrire un texte sur tous les merveilleux souvenirs que nous avions eus avec elle. J'avais pris la décision de lire cet hommage à la cérémonie, et c'est seulement quand il a été achevé, que j'ai pu me rendormir, le cœur léger et rempli de joie.

C'est papa qui nous a conduits tous les trois au crématorium. Nous étions donc tous les quatre, ensemble, dans la même voiture, ce qui ne nous était pas arrivé depuis de nombreuses années. À nouveau, maman est apparue dans la voiture. Elle s'est assise à l'arrière, à côté de mes frères. Elle était très heureuse que l'on soit tous les cinq réunis. C'était comme lorsqu'on partait en vacances en Espagne, sauf que j'étais assise à sa place. J'ai ressenti tant de joie que je n'ai pas pu m'empêcher de mentionner sa présence.

— Ne soyez pas tristes, maman est avec nous dans la voiture, je la ressens, elle est même assise à côté de vous, les garçons.

La présence et la joie de maman me transportaient d'allégresse. Mais ça n'a pas été le cas de mon petit frère qui a accueilli assez mal cette annonce. Il m'a répondu très sèchement :

— C'est bon, ce n'est vraiment pas le moment de raconter ce genre de bêtises.

Mon père et mon grand frère, quant à eux, sont restés silencieux. J'avais envie de répliquer, mais je me suis tue. Je trouvais tellement dommage et triste qu'ils ne soient pas prêts à s'ouvrir à cette possibilité. Alors, seules, toutes les deux, nous avons partagé ce très beau moment d'amour.

Durant ses deux apparitions, à aucun moment je n'ai eu envie d'entamer un débat sur son ami Alcool ni sur le fait que je m'étais sentie abandonnée et trahie. Mais, de retour à Nouméa, ces sentiments négatifs que je ne lui avais pas exprimés sont revenus me tourmenter, jusqu'au jour où une guérisseuse, qui ne connaissait rien à ma vie, m'a dit que maman me demandait pardon. À ce moment, comme par magie, toute ma rancœur s'est effacée. Nous venions de faire la paix.

Maman n'est ensuite plus jamais venue me voir comme lors de son enterrement. Il y a quelques années j'ai traversé des moments difficiles, et elle m'a énormément manqué. J'aurais bien eu besoin de ses conseils de maman, mais je ne les entendais pas. Alors, dans ces moments, je me sentais orpheline. Quand je faisais part de cette sensation à mes enfants qui étaient petits, ils ne me comprenaient pas et me répondaient :

— Mais tu dis n'importe quoi, maman. Tu es grande, et quand on est maman, on ne peut pas être orpheline. Ça n'existe pas une maman orpheline.

— Ah bon ? Je l'ignorais complètement.

Je me sentais incomprise.

À cette période, j'ai rencontré Élodie, thérapeute, qui m'a fait une séance de PBA (Psycho-bio-acupressure). Cette technique, axée sur un effet psycho-émotionnel et sans médicaments, consiste à exercer de légères pressions avec le doigt sur cinq points réflexes stimulés pendant trois à cinq secondes et dans un ordre spécifique. La PBA entend rééquilibrer l'énergie perturbée par le stress ou par l'hyperémotivité, puis libérer les émotions anciennes qui nourrissent le manque de confiance en soi. Lors de cette séance, j'ai énormément pleuré, mais après je ne me suis plus jamais sentie orpheline.

Je n'entends pas ma mère comme je peux entendre les autres défunts. Une amie énergéticienne m'a expliqué que nous avons moins de ressenti quand on est partie prenante. C'est ainsi. Quand c'est pour nous-mêmes, la perception est altérée. Néanmoins, maman a trouvé une autre technique pour entrer en contact avec moi. Elle m'envoie des signes par l'intermédiaire de chansons. Lorsque je m'y attends le moins, et n'importe où, que ce soit au supermarché, dans la voiture, chez moi, chez des amis, elle m'envoie ses chansons préférées. De vielles chansons qui d'ordinaire ne passent jamais à la radio et qu'elle adorait écouter. C'est comme un code, dès que j'entends l'une de ces chansons je sais qu'elle est là. Mon cœur se met à faire *boum boum*. Si je suis en famille ou avec mes amis proches, je me permets de leur en faire la remarque.

Souvent, maman passe par Christophe. Il adore aller à la bibliothèque louer des livres ou des CD et, très souvent, à son retour à la maison, il me fait écouter la musique qu'il a rapportée. Régulièrement, et à ma grande surprise, ce sont les chansons de ma mère. Je le regarde, interloquée, et je lui fais remarquer que c'est le répertoire de maman. En général, il m'explique qu'il a pris les CD au hasard.

Lorsque j'arrive à déterminer sa présence, je me sens très heureuse.

Il y a trois ans, je fêtais mon anniversaire, et une amie m'a apporté un bouquet de lys blanc, les fleurs préférées de maman que je lui offrais très fréquemment, pour son anniversaire ou pour la fête des mères. Cette amie m'a dit en me les tendant : « J'ai choisi au hasard ces fleurs, je les ai trouvées belles. » J'ai su instantanément qu'elle était venue en ce jour d'anniversaire. J'étais alors émerveillée, comme transportée, de passer mon anniversaire avec maman et mes amis.

Quelques jours avant les quinze ans de ma fille, j'ai ressenti très fortement sa présence et je ne savais pas comment l'interpréter. Elle est restée plusieurs jours autour de moi. Et j'ai enfin compris qu'elle était venue me soutenir. En effet, les quinze ans de Laura ont été difficiles à vivre pour moi, car j'ai pris conscience que ma petite princesse avait bien grandi et qu'il ne me restait que très peu d'années à vivre avec elle avant qu'elle ne s'envole faire ses études en dehors de la Nouvelle-Calédonie, où nos liens seraient à jamais différents. Maman est venue me dire :

— Je suis là, ne t'en fais pas, j'ai ressenti exactement la même chose quand tu as eu quinze ans.

Une fois que j'ai eu compris pourquoi elle restait avec moi, je me suis sentie tout à coup légère, joyeuse et sereine. Toute ma peine s'était envolée.

Je pense très souvent à elle, je lui parle comme si elle était encore là. Je parle d'elle à mes enfants. Je sais qu'elle veille sur eux et je les encourage à l'appeler à l'aide s'ils en éprouvent le besoin. Aujourd'hui, je sens que je fais équipe avec elle. Quand j'ai besoin de conseils, je lui demande qu'elle me mette sur la voie.

Nous sommes le 7 septembre 2018, je n'ai jamais oublié un seul de ses anniversaires. Je sais qu'elle est présente à cet instant où j'écris ces lignes. Je ressens qu'elle dépose un baiser sur ma joue, et j'en suis très émue.

Merci maman, c'est en grande partie grâce à toi que je suis cette femme qui vit aujourd'hui. Je porte en moi tes enseignements, tes valeurs, ton amour pour la vie et pour les autres.

Je t'aime, tu es dans mon cœur pour toujours.

2. Une vraie soirée d'Halloween

Ma vie sociale se limite généralement à mon cercle d'amis qui se compose d'une quarantaine de personnes. Certaines d'entre elles me sont plus proches que d'autres. J'aime mes amis, je me sens bien avec eux et en sécurité. Ils représentent ma famille calédonienne. Nous sommes ainsi plusieurs familles à nous retrouver les dimanches pour des sorties en mer, des repas, des fêtes, des anniversaires.

Avec eux, je suis moi-même, je n'ai pas besoin de porter de masque et d'essayer d'être quelqu'un d'autre. Ils savent qui je suis et ils connaissent mon parcours de vie. D'ordinaire, lorsque je ne connais pas les gens, je suis plutôt réservée. Tout le contraire de Christophe qui, lorsque l'on va à une soirée où nous ne connaissons personne, repart en ayant échangé avec tout le monde.

Nous étions le 31 octobre 2009, invités chez des amis pour fêter Halloween. J'y suis allée détendue car, même si je savais qu'il y aurait un certain nombre d'invités que je ne connaissais pas, la plupart de nos amis seraient néanmoins présents.

La soirée s'est merveilleusement bien passée. La maison de nos hôtes ressemblait à la maison hantée de Disney. Elle était parfaitement décorée. Tous les invités étaient déguisés en vampires, en fantômes, en sorcières, en squelettes, et même des enfants en citrouilles. Nous étions tous dans l'ambiance. La musique était excellente. Les enfants couraient dans tous les sens et étaient heureux. En milieu de soirée, une amie m'a proposé que nous nous joignions au cercle de nos maris qui discutaient avec d'autres invités, inconnus de notre bande. J'ai accepté volontiers.

Je les ai tous écoutés parler, raconter des blagues, c'était bon enfant. Quand, tout à coup, sans savoir pourquoi, je me suis retrouvée seule avec le voisin de nos hôtes que je ne connaissais absolument pas. Tous les autres s'étaient éclipsés, soit pour danser, soit pour se restaurer.

Il s'appelait Nicolas, il était très souriant, la cinquantaine, accessible. J'étais donc toujours détendue. Il a engagé la conversation en me demandant qui j'étais et ce que je faisais dans la vie. Il se trouvait que je venais tout juste de terminer mon préavis de départ du cabinet d'avocats dans lequel je travaillais depuis dix ans. Avec l'arrivée de Lancelot, notre sixième enfant, mon mari et moi avions décidé que j'aiderais Christophe dans son activité professionnelle et que je continuerais à transmettre les messages de l'au-delà, tout en m'occupant des enfants.

J'ai paniqué un peu. Que répondre ? Mère au foyer ? Assistante de mon mari ? Médium ? Panique générale dans ma petite tête ! Je ne m'étais pas préparée à devoir répondre à de telles questions en me rendant à cette fête. Une petite voix a résonné en moi et m'a dit : « Si tu veux aider les gens en passant les messages de l'au-delà, il faudrait commencer à en parler autour de toi. » Sur le principe, j'étais d'accord, mais dans les faits, ce n'était pas évident de me présenter en tant que médium. Je ne savais pas comment cette annonce serait accueillie, ni si j'avais affaire à une personne bienveillante ou non, ouverte d'esprit ou pas. Nicolas a été surpris par le temps que j'ai mis à répondre. De mon côté, je me trouvais assez cruche de ne pas être capable de lui répondre du tac au tac. Bref, j'ai fini par me lancer.

— Je m'occupe de mes enfants, j'aide mon mari dans son travail administratif et je suis médium.

À ces derniers mots, un sourire s'est dessiné sur le visage de mon interlocuteur. D'un coup, j'ai ressenti une chaleur de gêne me monter des pieds à la tête.

— Médium ? Peux-tu préciser ?

— C'est assez simple, j'entends et je vois les personnes décédées, puis je transmets leurs messages.

Instantanément j'ai perçu la pensée de Nicolas : « C'est qui cette cinglée ? » Cette pensée m'a déstabilisée. Je suis devenue rouge de confusion et de timidité. Je lui ai expliqué que je comprenais que, pour certaines personnes, mes facultés soient difficiles à concevoir. Ça a été alors son tour d'être gêné de mettre ma parole en doute. C'était un monsieur complaisant et j'ai senti qu'il ne voulait pas paraître impoli. Il s'est mis à bredouiller qu'il ne croyait pas vraiment à ces choses-là, mais que la communication avec les défunts était peut-être possible. La situation était très gênante. Je me demandais comment nous en étions arrivés à nous retrouver ainsi, tous les deux, alors qu'au moins huit personnes faisaient partie du groupe avant que je n'arrive.

Je regrettais déjà d'avoir créé ce malaise et je me disais que j'aurais mieux fait de me taire quand, à ce moment précis, l'ombre d'un monsieur décédé s'est placée entre nous deux. C'était une situation très cocasse de se trouver face à un vrai fantôme noyé au milieu de tous ces gens déguisés en morts-vivants !

J'ai regardé, stupéfaite, cet invité-surprise. Il m'a informé être le papa de Nicolas, décédé quelques mois auparavant. Il ne manquait plus que ça ! Par télépathie, il m'a demandé de passer un message à son fils. De la même manière, je lui ai répondu que la situation était déjà assez compliquée comme cela et que son fils me prenait pour une illuminée, aussi je préférais ne pas en rajouter. Mais il a insisté. Alors, tout est allé très vite. J'avais le cœur qui battait de plus en plus vite. J'étais très angoissée et je me suis entendu dire à haute voix, en regardant Nicolas : « Ton papa est à côté de toi, il a un message à te délivrer. »

Mon interlocuteur, amusé et un brin moqueur de m'avoir entendue dévoiler mon activité, a changé immédiatement de couleur. Il m'a regardée, interloqué et épouvanté. Il m'a confirmé qu'effectivement, son père était décédé il y a quelque temps. Il m'a donc encouragée à poursuivre. Je lui ai dit que son père était une personne très attentionnée, comme lui, et qu'il avait beaucoup aimé ses enfants. Il demandait à son fils de prendre soin de sa mère qui, même si elle n'avait pas été un modèle de tendresse et d'amour, se retrouvait seule chez elle sans que personne n'aille jamais lui rendre visite. Nicolas était sous le choc. Il m'a confirmé que sa mère vivait seule dans le Sud de la France et que son caractère difficile avait créé un désert affectif autour d'elle. Il n'en revenait pas. Les larmes lui sont montées aux yeux. Il a commencé à me parler de son père, de sa vie. Il a ajouté qu'il allait faire des efforts, qu'il allait téléphoner à sa mère et qu'il irait la voir lors de prochaines vacances. Puis il s'est interrompu soudain pour me dire :

— Ne bouge pas, je dois aller chercher ma femme. Il faut que tu parles à ma femme.

Je suis restée debout, encore tremblante de ce qui venait de se produire. Nicolas est revenu très vite, accompagné d'une petite dame souriante qu'il m'a présentée comme étant son épouse. Complètement bouleversé, il lui a relaté notre entretien. Je l'ai ressentie beaucoup plus ouverte que lui au monde de l'invisible. Elle aussi avait perdu, vers l'âge de dix ans, sa petite sœur qui s'était fait écraser devant ses yeux par une voiture. Elle ne s'en était d'ailleurs jamais remise. Même si je ne ressentais pas la présence de sa sœur, nous avons passé le reste de la soirée ensemble à échanger sur le surnaturel.

Je suis rentrée ensuite chez moi, chargée de l'énergie d'amour du papa de Nicolas. J'étais sereine en m'endormant et très heureuse d'avoir accompli mon « travail ».

Quelques jours plus tard, l'amie chez qui nous avions passé la soirée m'a appelée pour me dire qu'elle avait passé la journée du dimanche chez ses voisins et que Nicolas avait eu du mal à se remettre de ses émotions, même s'il avait été très heureux d'avoir reçu un message de son père.

Par la suite, je les ai revus quelques fois, toujours chez mes amis. À chaque fois Nicolas venait m'accueillir chaleureusement en me répétant : « Quelle soirée surnaturelle nous avons vécue ! »

3. Une histoire de dette

La Seconde Guerre mondiale était au programme d'histoire de la classe de CM2. En plus de notre manuel classique, mon enseignante, Mme Annie Dumas, nous avait fait découvrir *Le Journal d'Anne Franck.*

Ce livre a été écrit par une adolescente de treize ans, Anne Franck, née un 12 juin.

Il m'a beaucoup touchée, car cette jeune fille porte le même prénom et est née le même jour que moi. Elle n'a cependant pas eu ma chance de naître en 1977, puisqu'elle est née juive, en 1929. Durant deux ans, elle va se cacher avec sa famille à Amsterdam, aux Pays-Bas, pendant l'occupation allemande, dans le but d'éviter la Shoah. Elle a écrit un journal intime, avant d'être déportée et de mourir en février ou mars 1945 à Bergen-Belsen, en Allemagne nazie.

La lecture de cette période sordide de l'histoire m'a laissé un goût profondément amer et un malaise ne m'a ensuite plus jamais quittée, chaque fois que la Shoah était évoquée.

Pour mon entrée en 6ème, maman m'avait fait choisir l'allemand comme première langue, car les classes d'allemand sont toujours de très bonnes classes, paraît-il. J'étais avec mes amis de primaire, alors tout allait bien.

En classe de 3ème, nous sommes partis en fin d'année en voyage en Allemagne. J'ai adoré ce voyage. Les paysages ressemblaient à ceux que je pouvais voir dans les *Sissi*, mes films préférés, que je visionnais tout le temps. Les églises baroques étaient magnifiques. J'y allumais beaucoup de cierges et j'y récitais de nombreuses prières.

Lors de ce voyage, nous avons visité un camp de concentration, la Seconde Guerre mondiale étant aussi inscrite dans nos programmes d'histoire. Là, il y avait partout des photos affreuses et des dortoirs reconstitués. J'étais bouleversée. Comment cela avait-il pu exister ? Comment des humains pouvaient-ils être aussi atroces, aussi barbares envers d'autres humains ?

Après cette visite, nous avons pique-niqué dans un champ à côté du camp, avant de reprendre notre route. Mes camarades jouaient au ballon, au frisbee ou au loup. Moi, je ne pouvais pas… J'entendais les âmes qui pleuraient. Je ne me sentais pas bien. Mais à qui le dire ? Je ne voulais pas que l'on me traite de menteuse ou que l'on pense que je faisais mon intéressante. Je suis donc restée silencieuse et bouleversée. J'ai passé la journée entière à me sentir mal.

En rentrant de ce voyage, j'ai visionné tous les films sur la Seconde Guerre mondiale qui pouvaient exister, dont *La Liste de Schindler*, que je suis allée voir au cinéma en classe de 2nde. Cette période de l'histoire m'appelait et me terrorisait à la fois. J'avais très envie de rencontrer une jeune femme juive, avec laquelle, si je lui donnais mon amitié, je pourrais « réparer ». Mais réparer quoi ? Je ne le savais pas. Je n'arrivais pas à expliquer ce sentiment de dette et de culpabilité qui me rongeait. C'était comme si je me sentais en partie responsable des horreurs qui s'étaient produites durant cette partie de l'histoire.

À cette époque, je faisais souvent des cauchemars, dans lesquels la Gestapo m'arrêtait. Je voulais fuir mais je n'y arrivais pas.

J'ai quitté la France pour la Nouvelle-Calédonie sans jamais rencontrer une seule femme juive avec laquelle j'aurais pu me lier d'amitié. Je suis passée à autre chose, je n'ai plus fait de cauchemars, je n'ai plus cherché à regarder les films qui traitaient de ce sujet.

Puis Sandra est entrée dans ma vie.

Elle arrivait de Paris avec son mari et, comme nous, ils ne connaissaient personne en Calédonie. Mais étant Juifs, ils sont allés se présenter à la synagogue et, là, des gens merveilleux leur ont ouvert les bras. Toutes ces personnes nous ont pris aussi en affection et, sans être juifs, mon premier mari et moi-même avons trouvé, parmi eux, une famille.

La famille de maman est oranaise, et, comme beaucoup de Pieds-noirs, nous sommes des gens très chaleureux, qui parlent fort, qui se disputent, qui se réconcilient. J'ai retrouvé la même ambiance avec mes amis juifs.

En 2012, Christophe et moi avons été invités au mariage du frère de l'une de mes amies. C'était l'occasion parfaite de me rendre pour la première fois en Israël.

Quelques jours après notre arrivée, un couple intime d'amis, Avraham et Elisheva, qui avaient quitté Nouméa pour habiter en Israël afin de vivre au mieux leur judaïsme, nous ont rejoints à Jérusalem pour passer deux jours avec nous. Nous avons décidé de nous rendre à Yad Vashem qui est un mémorial israélien construit en mémoire des victimes juives de la Shoah perpétrée par les nazis pendant la Seconde Guerre mondiale. Ce mémorial couvre tout le sommet d'une colline à l'ouest de Jérusalem, un peu à l'écart de la ville. On y accède par un portail monumental rappelant ceux qui se trouvaient à l'entrée des camps. Il consiste en plusieurs bâtiments et jardins extérieurs.

Ce mémorial vous prend aux tripes, il vous donne envie de vomir. Il y a beaucoup de témoignages, de reconstitutions, et j'ai pu y trouver une copie de *La Liste de Schindler*. Je n'ai pas pu retenir mes larmes, et tout le malaise du

CM2 jusqu'au voyage de 3ème, mes années de lycée, tout est revenu m'étouffer et me donner la nausée. Nous avons passé de longues heures dans les allées de ce mémorial à nous plonger dans l'innommable. Une rue entière avec ses pavés a même été reconstituée. Nous étions au cœur de ces années terribles. Nous revivions au travers de photos, de reconstitution de scènes, la perte de familles entières. Les émotions de peur et de terreur étaient palpables.

À l'intérieur du mémorial se trouve une boutique de livres et de souvenirs. Au bout de plusieurs heures de visite, nous avons décidé d'y faire un tour, puis de nous installer pour prendre un café dans la cafétéria. Nous allions tous si mal que le café était inconsommable. Avec Christophe, nous osions à peine regarder nos si précieux amis. Avraham nous a offert un livre qu'il venait d'acheter. Ce livre s'intitule *Afin que sache la jeune génération.* Il a écrit ces quelques lignes sur la première page :

Avec toute notre amitié de la part de la famille WAYSBERG.
À la mémoire de mon père, Maurice WAYSBERG, et de sa famille, déportée lors de la rafle du Vel' d'Hiv, à Paris.
Le silence n'est pas de Dieu mais des hommes.
La responsabilité est celle des humains.
Le cri vient de Dieu.

Nous avons quitté Yad Vashem avec ce livre sous le bras, assommés par toute cette barbarie inhumaine. Notre devoir de mémoire étant vital, cet épais livre a trouvé sans aucune difficulté sa place dans nos bagages de retour.

Nous avons pris un taxi pour rentrer à Jérusalem. Nous restions tous silencieux. Que dire ? Alors nous avons rejoint nos chambres d'hôtel respectives sans aller dîner. Nous étions si bouleversés que nous n'avions pas faim. Nous avons décidé de nous retrouver le lendemain matin.

Le soir, dans mon lit, j'ai eu du mal à trouver le sommeil. Toutes les images cruelles de l'après-midi me revenaient en tête. Et puis, d'un seul coup, je me suis remémoré mon vœu de jeune fille de rencontrer une amie juive pour l'aider dans cette vie, puisque je n'avais rien fait dans la précédente. Cette nuit-là, j'ai rêvé à nouveau de la guerre. J'étais avec Elisheva et toutes les deux, nous revivions la rafle du Vel' d'Hiv. Nous essayions de nous enfuir. Je ne suis pas juive, mais j'essayais d'échapper à une policière allemande qui voulait arrêter mon amie. Nous voulions fuir ensemble. Ne parlant pas allemand, j'ai dit à Elisheva :

— Il faut communiquer avec son âme. Nous allons lui expliquer par télépathie qu'elle a tort, que nous sommes des gentilles, qu'elle fait erreur.

Alors, de toutes mes forces, j'ai essayé d'entrer en contact avec elle. Mais rien à faire ! J'ai compris avec effroi que son âme n'était pas sur la même fréquence que la nôtre, celle de la lumière. Elle était branchée sur une fréquence de haine et de mal. Elle était intouchable, c'était une cause perdue. Au moment où nous comprenions qu'il n'y avait pas d'issue, que nous étions prises au piège, je me suis réveillée en sursaut.

Tout s'est éclairé. J'ai compris que le sentiment de dette et de culpabilité que je portais dans ma mémoire venait de l'une de mes vies antérieures. J'ai vécu pendant la Seconde Guerre mondiale. Je n'étais pas juive mais au moins l'une de mes amies l'était. J'ai compris que je n'avais pas réussi à la sauver et que je me reprochais d'avoir fait partie du camp des « méchants », habitant en zone occupée. Cet acte manqué m'a poursuivie dans cette vie et je devais le régler pour m'en libérer.

Après le départ de nos amis, j'ai demandé à mon mari de m'accompagner au Mur des Lamentations, comme si j'allais y trouver des défunts de la Shoah. J'avais besoin d'être entendue, je devais leur demander pardon.

Nous ne sommes pas entrés dans l'enceinte du Kotel. Nous sommes restés en dehors, sur les remparts. Le Mur était en contrebas. L'émotion des jours passés était telle que mes larmes coulaient abondamment. M'est apparu alors un parterre d'âmes au-dessus du Mur. C'était les personnes décédées qui veillaient sur toutes les familles rassemblées pour prier. Je me suis connectée à elles. Je pouvais enfin leur demander pardon. Pardon de ne pas avoir réussi à les aider ni à les sauver. J'ai exprimé mes regrets sincères. Je pleurais. J'éprouvais tant de remords, tant de chagrin pour toutes ces vies, ces familles brisées, pour toute cette barbarie humaine… C'est alors qu'à l'unisson toutes les personnes décédées qui me voyaient et m'entendaient se sont tournées vers moi pour me délivrer le message télépathique suivant :

— Ce que nous avons vécu n'est pas ton problème. Ne t'en fais pas pour nous, notre histoire ne te concerne pas.

Je me suis sentie remise à ma place, sans douceur. Je les dérangeais, elles n'avaient pas de temps à perdre avec moi. Mais tout à coup, grâce à elles, le poids que je portais s'est évanoui.

Je me suis sentie légère, libérée. Enfin ! Je les remercie pour cela.

La suite du voyage à Tel Aviv s'est passée très bien. Le mariage était magnifique, émouvant et chaleureux. Nous avons été reçus comme des membres de la famille et de belles relations fraternelles se sont créées entre tous les invités et nous. C'est un souvenir mémorable !

En rentrant à Nouméa, j'ai compris alors que Sandra était l'amie que j'attendais depuis si longtemps, celle que j'avais demandé à recevoir pour effacer ma dette, sauf que, désormais, je l'avais enfin compris, il n'y avait plus rien à réparer. Nous pouvions vivre une très belle amitié équilibrée avec ses épreuves et ses joies.

Nous veillons l'une sur l'autre depuis octobre 1999.

4. Deux missions en même temps

Très régulièrement, lorsque je sors de mon cercle amical, des défunts m'apparaissent pour que je leur serve de « boîte aux lettres ». Parfois, lorsque je sens que la personne destinataire du message est vraiment fermée, je ne lui dis rien et je m'en excuse auprès des défunts. Je leur demande de me laisser tranquille. Mais, parfois, ils sont tenaces et ils insistent jusqu'à ce que je craque et que je m'exécute.

Cela s'est produit notamment lors d'un remplacement chez mon ancien employeur, en 2014. J'avais gardé de très bonnes relations avec mes anciennes collègues, aussi, quand Laurent, mon ex-patron qui m'a toujours tendu la main dans les moments difficiles de ma vie, comme celui de mon divorce ou le décès de ma mère, m'a proposé de revenir travailler le temps d'un congé maternité, j'ai accepté aussitôt. Depuis 2009, date de mon départ, une restructuration s'était opérée au sein des différents services. Des collègues avaient quitté la société et d'autres y étaient entrés.

C'est ainsi que j'ai rencontré Séverine. C'était une femme d'une quarantaine d'années, très positive et, malgré la charge de travail, toujours souriante. Un vrai rayon de soleil !

Nous nous sommes tout de suite très bien entendues. Dans le cadre de ses fonctions, elle était régulièrement amenée à passer devant le bureau que j'occupais et elle n'hésitait pas à s'arrêter de temps en temps pour me glisser un petit mot gentil.

Quelques semaines ont passé avant que je ne finisse par remarquer qu'après ses passages, j'étais stressée et j'avais la gorge nouée. Néanmoins, je ne me suis pas attardée davantage sur ce ressenti, même si ces sensations m'étaient extrêmement désagréables. Au bout de plusieurs jours, j'ai quand même commencé à me poser des questions. Ces crises d'anxiété ne collaient pas avec ma satisfaction d'avoir repris mes anciennes fonctions, d'autant plus que je savais qu'elles n'étaient que temporaires. Tout le monde était gentil avec moi, je n'avais aucune raison d'aller mal.

Toute une semaine passa encore, mais le vendredi matin, je n'allais vraiment pas bien. J'ai arrêté de travailler sur l'un de mes dossiers et je me suis concentrée. J'ai appelé à l'aide mes gentils anges du Ciel et de la Terre. Je leur ai demandé de m'aider à comprendre ce qui se passait. C'est alors que l'ombre d'un homme est apparue dans mon bureau.

— Enfin vous me voyez, il était temps. Cela fait plusieurs jours que je campe dans votre bureau sans que vous ne me remarquiez !

— Mes crises d'angoisse, c'était vous ?

— Évidemment ! Qui d'autre ? Je suis le papa de Séverine, j'ai un message très important à lui transmettre.

— Peut-être, mais je ne la connais pas beaucoup et je ne sais pas si elle est réceptive. Je la trouve super sympa et je n'ai pas envie de gâcher le début de notre amitié avec des histoires de l'au-delà.

— C'est comme vous voulez, mais je ne partirai pas tant que le message n'aura pas été transmis. J'ai tout mon temps !

Ce monsieur m'a perturbée et j'ai compris qu'il n'allait pas me lâcher. Je me suis dit que peut-être ce remplacement au cabinet avait pour seul but de me faire passer ce message. Vu sa détermination, je me suis résignée à l'aider, quitte à passer pour une déséquilibrée.

— Très bien, je dois réfléchir à la façon de m'y prendre. Que voulez-vous lui dire ?

— Dites-lui, que je l'aime, que je suis auprès d'elle, que je n'ai jamais cessé de l'aimer et de la protéger.

— Autre chose ?

— Non c'est tout. Je n'ai jamais pu le lui dire et j'ai absolument besoin qu'elle le sache.

— Je vous promets de faire de mon mieux, mais arrêtez de me stresser et de m'angoisser !

Sur ces derniers mots, il a disparu. J'ai pu me détendre et réfléchir à une stratégie de communication. J'ai décidé d'enquêter auprès d'une autre collègue, proche de Séverine, avec laquelle j'avais eu plusieurs conversations sur la médiumnité, à propos du degré de réceptivité de Séverine. Justement, Coralie passait devant mon bureau les bras chargés de dossiers. Je l'ai interpellée :

— Coralie, as-tu déjà parlé avec Séverine d'ésotérisme ?

— J'ai déjà essayé, m'a-t-elle répondu, mais ces sujets ne l'intéressent pas, car elle n'y croit pas.

— C'est bien dommage.

— Pourquoi dis-tu cela ? Tu sais quelque chose ?

— Oui, j'ai ressenti la présence de son père et il souhaite lui parler.

— Ah bon ? Je sais seulement que sa mère est décédée il y a peu de temps, qu'elles étaient très proches et qu'elle en est très affectée. Mais elle ne parle jamais de son père. Je ne peux pas t'en dire plus.

Sur ces paroles, Coralie est retournée à sa tâche, me laissant songeuse. Pas une seconde je n'ai ressenti la présence de la mère de Séverine. Le suspense n'a pas duré longtemps : Séverine a fait irruption dans mon bureau quelques minutes plus tard. Elle m'a dit que Coralie venait de lui faire part de la conversation qu'elle avait eue avec moi et qu'elle était curieuse de savoir ce que j'avais à lui dire. Elle m'a dit qu'elle m'appréciait chaque jour davantage et que je lui inspirais confiance. Brièvement, je lui ai expliqué que j'avais la faculté de ressentir les personnes décédées et que ma mission était de transmettre les messages. Elle m'a fait part de ses doutes concernant les facultés des médiums, mais comme elle me voyait avec un autre regard, elle voulait bien que l'on discute de ce sujet.

— Tu sais, depuis plusieurs jours ton père vient dans mon bureau car il veut te parler.

Séverine a été très surprise.

— Effectivement, mon père est décédé quand j'avais un an et je n'ai aucun souvenir de lui. De ce fait je n'ai jamais souffert de sa disparition, par contre je souffre bien plus du décès de maman.

— Je suis désolée, mais à aucun moment je n'ai ressenti ta mère. Peut-être que vous avez pu tout vous dire avant son départ.

C'est alors que j'ai délivré le message de son père.

Séverine était assez interloquée. Elle m'a dit qu'elle devait réfléchir, qu'elle ne savait pas quoi penser de tout cela.

Le week-end est passé et le lundi matin elle est arrivée à la première heure dans mon bureau. Ce que je lui ai dit l'avait beaucoup fait réfléchir, mais elle n'avait pas envie d'en parler. Elle était très inquiète et elle voulait être certaine que son père ne viendrait plus m'importuner. Je l'ai rassurée : une fois le message passé, le défunt ne vient plus me tourmenter.

Nous sommes donc restées amies sans vraiment évoquer plus avant ce qui s'était passé.

Ce n'est que quelques années plus tard, une fois notre amitié consolidée, qu'elle m'a avoué, lors d'une sortie en mer, pourquoi le message de son père l'avait ainsi laissée de marbre. Depuis sa tendre enfance, elle savait, par ses sœurs plus âgées, que leur père avait eu des gestes déplacés à l'égard de l'une d'elles. Elle m'a regardée fixement dans les yeux et elle a repris :

— Comment aimer ce père incestueux qui a fait tant souffrir ma sœur ? Lorsque tu m'as parlé de mon père au cabinet, nous ne nous connaissions pas assez pour que je te confie quel homme il était, c'est pour cela que je n'ai pas voulu t'en dire plus, et c'est aussi pour cela que son message d'amour n'a pas résonné en moi.

Je n'ai rien ajouté.

5. Andréa, mon copilote invisible

Je n'ai jamais aimé conduire. Prendre le volant me stresse si je ne connais pas à l'avance le trajet à effectuer vers ma destination. Il m'a fallu plus de soixante-dix heures de conduite pour que je me lance et réussisse à passer mon permis de conduire. À l'époque, mon premier mari se montrait à la fois désabusé et très énervé à mon égard. En fait, j'avais peur de mal conduire, d'être klaxonnée, de déranger, de provoquer un accident…

D'ailleurs, je rêve très souvent que j'ai des accidents, que la voiture n'a plus de freins… Je me réveille alors en sursaut, toute tremblante.

J'ai obtenu mon permis de conduire à l'âge de vingt ans, ce qui remonte déjà à quelques années. Néanmoins, dès que j'en ai la possibilité, je laisse le volant à quelqu'un d'autre. Une seule fois, avec les enfants, je me suis rendue à Poé (situé à environ deux cents kilomètres de Nouméa). Je suis arrivée à destination sans problème, mais en transpirant abondamment tant j'avais eu peur. En bref, cette situation très pesante me pénalise dans mon quotidien.

En mai 2015, une amie m'a conseillé de rencontrer le docteur Michel G. qui serait peut-être à même de m'aider à régler mon problème de conduite. Je ne savais ni qui il était, ni quelle thérapie il pratiquait. C'était un monsieur d'une soixantaine d'années qui m'a accueillie chaleureusement. Il était très prévenant et très doux. Il m'a expliqué qu'il pratiquait la méthode EMDR (*Eye movement desensitization and reprocessing*), c'est-à-dire la désactivation multi-sensorielle (DMS) qui est une désensibilisation en même temps qu'une reprogrammation par stimulations sensorielles alternées.

Cette thérapie, mise au point par Francine Shapiro en 1987, est efficace dans le traitement du syndrome de stress post-traumatique (traumatisme avec un grand « T » ou dans ceux des traumatismes du quotidien créant des perturbations émotionnelles handicapantes). La particularité de l'EMDR reste la stimulation sensorielle alternée, par le biais de mouvements oculaires, de stimulations auditives ou par tapotements ou vibrations, qui favorise la mise au travail du cerveau et permet un « nettoyage », une désensibilisation.

J'ai expliqué au docteur que j'étais venue chercher de l'aide pour enlever de mon esprit l'idée que la conduite représente un danger pour moi et pour autrui. Le docteur Michel G. m'a posé plusieurs questions ayant pour but de m'aider à retrouver dans ma mémoire un événement qui pourrait expliquer ces peurs. Mais, à part trois accrochages, je n'avais eu aucun accident grave.

Pourtant, en y réfléchissant davantage, un souvenir m'est revenu à l'esprit. J'avais à l'époque douze ans et, comme chaque année au mois d'août, avec mes parents et mes frères, nous partions en vacances à Dénia, en Espagne. Nous avions plus de seize heures de route à effectuer, en comptant les pauses, pour arriver à la villa de ma grand-mère. Comme nous n'avions pas la climatisation dans la voiture, mon père préférait rouler de nuit pour que nous ayons moins chaud.

Au petit matin, après avoir passé la frontière espagnole, mon père a marqué une pause sur une aire de repos. Quelques minutes plus tard, nous avons été réveillés par des cris : « *Aiuto, Aiuto !* ». Ma mère qui comprenait l'italien a réveillé mon père qui venait de s'assoupir. Elle lui a demandé d'écouter à son tour, et elle lui a expliqué que quelqu'un était en train d'appeler à l'aide. À ce moment, je n'ai pas trop compris ce qui se passait, mais j'étais très angoissée, j'avais peur. Je craignais qu'il ne s'agisse d'une dispute.

C'est ce premier traumatisme que nous allions travailler, le docteur Michel G. et moi-même. Je devais, en restant dans mon souvenir et dans l'émotion qu'il suscitait, fixer les mouvements que faisait sa main, de gauche à droite. Plusieurs allers-retours cadencés, amples et précis, espacés d'un mètre environ. Et, dans le même temps, le docteur claquait des doigts. Puis, nous avons marqué une pause pour que je puisse verbaliser la scène et l'émotion qu'elle avait suscitée en moi. Il fallait recommencer le processus tant que je ressentais des émotions négatives. Au bout d'un court moment, je n'ai plus rien éprouvé, mon angoisse avait disparu.

Nous avons pu alors passer à la deuxième scène qui m'a traumatisée.

Mon père, Italien d'origine, a entendu les plaintes. Il a compris qu'il se passait quelque chose de grave. Ma mère et lui sont sortis de la voiture et ils nous ont demandé de rester enfermés et de ne pas chercher à sortir. J'étais très angoissée de ne pas comprendre ce qui se passait et j'avais peur pour mes parents. Au bout de quelques minutes, ma mère est revenue avec du sang sur elle.

— Il y a eu un grave accident avec des blessés. Je suis seulement venue chercher des serviettes et de l'eau. Un jeune est sans doute mort. Ne sortez pas de la voiture. Avec papa, nous attendons les secours.

J'ai éprouvé alors beaucoup de tristesse, de détresse, d'empathie et, dans ma tête j'ai récité beaucoup de *Je vous salue Marie* et de *Notre Père*, jusqu'au retour de mes parents.

Lorsqu'ils sont revenus, ils nous ont annoncé que c'était de jeunes Italiens d'une vingtaine d'années qui partaient aussi en vacances qui étaient les victimes de cet accident. Le conducteur s'était endormi au volant. Le passager de droite était mort tandis que ceux situés à l'arrière du véhicule étaient seulement blessés. Les secours étant arrivés, mes parents avaient été priés de retourner à leur véhicule.

C'est ce second événement que le docteur Michel G. m'a demandé de revivre.

Je me suis concentrée pour me mettre en situation. D'un seul coup, j'ai été envahie par une profonde tristesse, et une grande compassion pour ce jeune homme décédé et pour son ami, le chauffeur, responsable de l'accident.

Le docteur G. a commencé son travail. Je devais suivre des yeux sa main qui claquait des doigts. J'étais en larmes, sincèrement effondrée, quand, tout à coup, j'ai entendu par télépathie : « Ce n'est pas ton chemin de vie. » Quelqu'un venait de se manifester pour tenter de me faire comprendre que ce n'était pas mon chemin de vie d'avoir un grave accident, du moins c'est comme cela que j'ai interprété cette phrase. Je pleurais toujours et le docteur continuait son geste de la main.

Soudain, j'ai ressenti la présence du jeune homme décédé que je n'ai jamais vu. (Je me dois de vous avouer qu'avant d'aller consulter ce thérapeute, j'avais complètement oublié cet épisode de ma vie.) J'ai éclaté en sanglots quand j'ai vu apparaître ce jeune homme devant moi. À mon grand étonnement, je lui ai demandé pardon… Nous avons échangé par télépathie. Je lui ai expliqué que je m'en voulais terriblement de ne pas avoir réussi à le sauver. C'était vraiment, à ce moment-là, mon inconscient qui parlait car je ne me rappelais plus du tout avoir éprouvé cette émotion de culpabilité. Pourtant, effectivement, en revivant la scène, je me suis souvenue que dans la voiture, lorsque je récitais les prières, c'était pour demander qu'il puisse être sauvé. Le jeune homme m'a enveloppée alors de douceur.

— Tu ne dois pas t'inquiéter, je vais bien. Tes prières m'ont aidé à passer de l'autre côté où de belles personnes m'attendaient. Mon ami, le chauffeur du véhicule, devait vivre cette épreuve. Tout était écrit, ne sois pas triste pour nous.

A surgi alors en moi son prénom : Andréa.

En effet, il m'est revenu alors en mémoire que ma mère, bouleversée, nous avait raconté que le jeune conducteur ne cessait de hurler : « Andréa, Andréa » en secouant le corps inanimé de son ami. J'ai donc demandé au jeune homme :

— C'est bien toi ? Tu t'appelles bien Andréa ?

— Oui

Il m'a remercié à nouveau pour mes prières. J'ai reçu beaucoup de joie. J'ai cessé immédiatement de pleurer. J'étais consolée.

J'ai expliqué tout ce qui venait de se passer au docteur G. qui s'est montré fort surpris. Jamais il n'avait vécu une telle expérience avec un patient. Un peu plus tard, au moment de la relaxation, Andréa est revenu pour me dire qu'il m'accompagnerait dorénavant dans mes déplacements et que je n'avais plus à avoir peur, car il serait avec moi. J'ai éprouvé des sentiments de joie, d'amour et de reconnaissance. Toutes traces de tristesse et de culpabilité ont disparu instantanément. En rentrant chez moi, j'ai ressenti la présence d'Andréa dans la voiture. Je l'ai remercié, j'étais heureuse.

Depuis cet entretien, je n'éprouve plus de difficultés à conduire dans ma ville.

Quelques mois plus tard, en prenant de mes nouvelles, le docteur Michel G. m'a expliqué que je n'avais plus de traumatismes en moi et qu'il fallait maintenant que je sorte de ma zone de confort en sortant de Nouméa. Il a tout à fait raison.

Il faut juste que j'essaie…

6. Une mamie s'invite à une dégustation de vin

Nous étions désormais en juillet 2018, j'étais de retour dans ma chère Bourgogne. J'ai besoin d'y retourner aussi souvent que possible. Je me ressource chez moi au sein de ma famille, de mes amis, dans les rues de Dijon. Ce sont, chaque fois, de grands moments de bonheur intense.

Ce 12 juillet, nous avions rendez-vous avec Marie, une amie depuis la maternelle, et son mari, Alexandre. Cette année, elle nous avait réservé une belle surprise. En fin d'après-midi, nous avions rendez-vous avec Marjorie, l'une de ses amies, directrice commerciale au sein d'une maison prestigieuse de la route des Grands Crus, pour une dégustation de vins. Avec Christophe, tous deux passionnés de vins de Bourgogne, nous étions enchantés. Mais avant de nous y rendre, nous devions passer chercher Richard, le mari de Marjorie.

Dès notre arrivée, nous avons été accueillis par une femme d'une quarantaine d'années très élégante, dynamique, souriante, chaleureuse : Marjorie. Elle dégageait beaucoup de positivité et de lumière et j'ai compris aussitôt pour quelle raison Marie l'avait choisie comme amie. J'ai ressenti que l'on allait passer un merveilleux moment. Direction le salon VIP, en passant par les caves.

J'aime ce genre d'endroit, le vin raconte l'histoire de familles, nous voyageons à travers le temps. Chaque vigneron a ses méthodes et sa stratégie pour travailler son vin. Bien souvent, les domaines sont transmis de génération en génération. C'est passionnant, magique.

Le salon VIP nous attendait. Il s'agissait d'un petit salon très lumineux et très chaleureux au-dessus des caves. De magnifiques verres étaient disposés sur des tables. Au mur était accrochée une carte où apparaissaient, en couleurs, les parcelles des vins que nous allions déguster. Nous étions tous détendus. Nous plaisantions, nous étions heureux et j'étais remplie de gratitude pour ce moment magique que nous vivions et partagions.

J'ai été sortie de ma rêverie par l'apparition de l'ombre d'une petite dame à côté de Marjorie. Il s'agissait de sa grand-mère. Elle était très discrète et elle ne m'a rien demandé. Elle était heureuse de regarder sa petite fille travailler, expliquer et décrire si bien l'histoire des vins qu'elle représentait. Je me suis tournée alors vers Marie et je lui ai demandé ce que son amie savait de moi.

— Rien de particulier. Nous sommes amies d'enfance et vous vivez en Nouvelle-Calédonie.

Je me suis dit que ça n'allait pas me faciliter la tâche si cette petite dame voulait faire passer un message à sa petite fille.

La dégustation a pris fin et nous avons convenu de dîner tous ensemble chez Marie et Alexandre. Cette dernière a proposé de faire une voiture filles et une voiture garçons. J'ai adoré cette idée. Nous nous sommes ainsi retrouvées à trois dans la voiture de Marjorie. Nous étions un peu guillerettes, il faut dire que nous n'avions pas forcément recraché les excellents premiers crus que nous avions dégustés.

Marjorie m'a posé des questions pour en savoir plus sur ma vie. La dégustation avait eu pour effet de me désinhiber. De but en blanc, je lui ai expliqué que j'étais occupée à l'écriture d'un livre sur la médiumnité, que je ressentais les personnes décédées et que nous étions tous en train de vivre une partie de jeu-vie. Marie, qui était assise sur la banquette arrière, s'est affolée. Elle m'a demandé d'être moins directe pour ne pas effrayer Marjorie qui n'était pas forcément réceptive. C'est vrai que j'oublie très souvent ce genre de détails : quand je suis lancée, je parle comme si tout le monde avait les mêmes idées ou références que moi.

Marjorie a semblé très intéressée par ce que je lui racontais et elle a fait deux fois le tour du pâté de maisons pour ne pas arriver trop vite chez Marie. Nous en avons ri toutes les trois. Lorsque nous sommes arrivées, nos maris étaient déjà dans le jardin en train de servir l'apéritif. Je ne suis pas certaine qu'ils aient remarqué notre retard. Dans la cuisine, j'ai pris mon amie à part pour la prévenir que j'avais vu la grand-mère de Marjorie lors de la dégustation, et que j'ignorais s'il était opportun de lui en toucher deux mots. Marie ne savait pas trop. Elle m'a répondu d'attendre de voir comment se passait la soirée.

Nous nous sommes retrouvés tous les six dans le jardin pour prendre l'apéritif. Il faisait beau, nous étions bien et le courant passait merveilleusement entre nous tous. Marie a choisi un moment pour glisser tout bas à Marjorie que j'avais ressenti sa grand-mère quelques heures plus tôt. Cette information a interpellé Marjorie. Effectivement, sa mamie adorée était décédée au moment de la naissance de sa fille et elle avait été très affectée par son départ. Avec beaucoup de douceur, je lui ai proposé de nous mettre en retrait dans le salon pour échanger. Marjorie a hésité, elle ne savait pas trop quoi faire. Cette situation lui faisait très peur et l'inquiétait. Je l'ai assurée qu'il ne fallait pas avoir peur du contact avec les personnes décédées car, dans la grande majorité des cas, ce sont surtout des messages d'amour qui sont transmis. De plus j'ai insisté sur le fait que je repartais le lendemain pour la Nouvelle-Calédonie. Il faudrait attendre un an pour se revoir, sans avoir l'assurance que j'arriverais à être à nouveau connectée avec sa mamie.

Marjorie a respiré et elle a accepté que l'on s'installe dans le salon. Elle m'a confié que sa fille avait déjà ressenti son arrière-grand-mère dans sa chambre et qu'elle avait eu très peur également. Je lui ai souri et je lui ai assuré que tout allait bien se passer. Je lui ai demandé de se détendre et de respirer lentement. J'ai fermé les yeux et je me suis concentrée. Sa mamie était présente. Elle était remplie d'amour, gentille et bienveillante. Elle voulait juste lui dire qu'elle était fière d'elle et qu'elle avait énormément d'amour pour elle. Que leurs visites dans le jardin lui manquaient, qu'elle aimait sa compagnie pour aller chercher les œufs dans le poulailler, et surtout qu'elle aimait remplir sa maison de fleurs. D'ailleurs, dans le lieu où elle se trouvait actuellement, elle en était entourée.

Marjorie était très émue. Elle avait reconnu sa grand-mère. Elle se rappelait les œufs et les beaux bouquets de fleurs. Elle a été immédiatement apaisée, elle n'avait plus peur. Elle a essuyé ses larmes et elle m'a remerciée chaleureusement. C'était une grande première pour elle. Je lui ai souri et je lui ai répondu que je n'avais fait que mon travail.

— Oh non, c'est bien plus qu'un travail, m'a-t-elle répondu en me serrant dans ses bras.

Nous sommes restés tous les six, durant toute la soirée, baignés par cette énergie d'amour, de magie et de lumière. Ce fut une soirée hors du temps et des conventions, comme je les aime tant.

7. Une soirée sous les étoiles

De retour à Nouméa, nous avons reçu un mail d'amis, Frédéric et Amandine, nous annonçant qu'ils allaient quitter la Nouvelle-Calédonie et que, en conséquence, ils nous proposaient de nous retrouver à la soirée tapas de l'îlot Canard pour nous dire au revoir.

J'avais à plusieurs reprises entendu vanter les mérites de ces fameuses soirées qui se déroulent tous les premiers jeudis de chaque mois sur un îlot situé juste en face de la plage de l'Anse Vata. J'avais vu des photos sur Internet et le cadre était tout simplement magique de jour comme de nuit.

Ne connaissant pas leurs autres invités, j'ai un peu hésité. J'aurais préféré voir nos amis seuls, mais Christophe m'a assuré qu'il ne fallait pas que je m'inquiète, il resterait auprès de moi.

Le rendez-vous était donné au jeudi soir à 18 heures. À peine arrivés, nous avons retrouvé nos amis accompagnés de certains de leurs invités. Les présentations faites, nous avons patienté sur la plage pour prendre ensemble les navettes qui allaient nous conduire au petit salon que Frédéric avait réservé. Le bateau-taxi nous a déposés sur l'îlot. C'était tout simplement magnifique ! Il y avait des lumières partout et une très belle décoration. Je prévoyais déjà que, le mois suivant, nous participerions à la prochaine soirée avec nos amis.

Une dame d'une cinquantaine d'années, collègue d'Amandine, m'a souri. Elle était avenante et douce. Aussi, j'ai été heureuse de me retrouver à ses côtés dans le petit salon. Nous avons entamé la conversation de façon tout à fait banale. Ce sont toujours les mêmes questions qui reviennent quand les gens ne se connaissent pas. Sommes-nous originaires de la Nouvelle-Calédonie et, si non, d'où venons-nous ? Sommes-nous résidents depuis longtemps ? Quel métier exerçons-nous ?

Elle m'a expliqué que son mari et elle étaient arrivés il y a quelques années et qu'ils travaillaient tous les deux au tribunal. Ils étaient mariés depuis trente ans et ils formaient un couple très fusionnel.

J'ai expliqué que j'étais originaire de Dijon et que je résidais à Nouméa depuis dix-neuf ans. Je devais la rencontre avec mon mari à Frédéric et Amandine et que l'on n'oublie pas de les appeler tous les 18 mars pour les remercier de nous avoir présentés. Bla-bla-bla et j'ai enchaîné en disant que j'écrivais un livre sur la médiumnité. Ma charmante voisine, Danielle, m'a arrêtée tout de suite, en me disant qu'elle ne croyait pas trop à ce genre de trucs, contrairement à sa sœur qui adorait consulter des médiums et des voyants. Une fois de plus, c'est à ce moment précis que l'ombre d'un monsieur est apparue devant moi, se présentant comme étant le papa de Danielle.

Je me suis dit que j'avais quand même beaucoup de mal à passer une soirée tranquille avec des inconnus sans que des défunts viennent se manifester, mais bon…

Danielle a repris en me disant qu'elle venait de perdre son père qu'elle aimait beaucoup. Ce à quoi j'ai répondu, du tac au tac :

— Cela tombe bien, il est devant nous et il a des messages à faire passer.

Danielle m'a regardée, incrédule et un peu épouvantée !

Il faut vraiment que je travaille ma diplomatie ! Je suis trop directe, on me l'a déjà reproché, mais je n'arrive pas à faire autrement. Et puis, les défunts non plus ne sont pas diplomates et patients. Si je rate la connexion, elle peut se refermer instantanément et ne pas se rouvrir. Cela m'est déjà arrivé, et c'est assez frustrant. En fait, le lien entre nos deux mondes est très bref, éphémère, les défunts parlent beaucoup plus vite que nous, il faut vraiment être attentif pour capter ce qu'ils ont à dire. La connexion leur demande une grande consommation d'énergie, c'est pour cela que tout va très vite.

J'ai regardé Danielle avec beaucoup de douceur et de compréhension. Je lui ai demandé si elle était d'accord pour que je lui transmette les messages de son père. Elle m'a regardée, toujours très étonnée, et elle a acquiescé d'un signe de tête. J'ai fermé les yeux, j'avais besoin de me concentrer, surtout que la musique était très forte. Je me suis permis de prendre sa main, cela pouvait m'aider à être mieux connectée au milieu de tout ce monde qui nous entourait. J'avais vraiment besoin de créer une bulle pour faire abstraction de notre environnement.

J'ai répété ce que j'avais entendu par télépathie : il était très fier de sa fille, il avait beaucoup d'amour pour elle et surtout il ne voulait pas qu'elle s'inquiète pour lui car il allait très bien. Il a ajouté qu'il n'était pas tout seul, il avait retrouvé son oncle qu'il aimait tant. Danielle ne cessait pas de pleurer. Elle m'a raconté que son père n'avait pas connu ses parents et qu'il avait été élevé par son oncle. Son père m'a donné encore des détails que je ne pouvais pas connaître. Danielle était bouleversée. Elle m'a dit que cette conversation lui avait fait énormément de bien. Elle m'a parlé de son père et de souvenirs de son enfance. Elle était très heureuse d'apprendre que son père était avec son oncle. Elle allait dès le lendemain appeler sa sœur en métropole qui s'inquiétait de savoir si son père allait bien. Elle était très heureuse d'avoir reçu ces messages.

Quelques minutes plus tard, mon mari m'a appelée pour que je le rejoigne sur la piste de danse. Il ignorait complètement la conversation que j'avais pu avoir avec Danielle. Il ignorait que j'étais ailleurs.

Dans ces moments de fêtes, j'éprouve énormément de difficultés à passer d'un monde à l'autre. Mon âme reste empreinte de l'énergie de l'au-delà, une énergie de joie et d'amour intense. J'arrive difficilement à prendre sur moi, à faire comme si j'étais dans un état normal pour que personne ne se rende compte qu'en fait je suis loin. Lorsque je vis ces rencontres, je ne rêve que de me recueillir et de pouvoir exprimer ma gratitude pour ce magnifique lien qui unit nos deux mondes. J'imagine aisément que je dérangerais mon entourage, si, à chaque fois que ce genre d'évènements se produit, je m'isolais seule dans un coin.

J'ai rejoint Christophe sur la piste de danse. Fort heureusement pour moi, au-dessus se trouvaient des milliers d'étoiles qui nous contemplaient et veillaient sur nous. Moi seule sais que je danse avec elles dans une profonde gratitude de paix et de recueillement.

8. Un dimanche sur l'îlot Larégnère

Un autre dimanche, nous sommes partis passer la journée sur l'îlot Larégnère, un magnifique lieu proche de Nouméa. Il faisait un temps magnifique. Nous étions heureux et paisibles. Un couple d'amis nous a rejoints, accompagnés d'un monsieur que je ne connaissais pas, Arthur. Il était très sympathique et chaleureux. Nous avons déjeuné dans la bonne humeur et le partage.

À la fin du repas, chacun a vaqué à ses occupations préférées. Faire le tour de l'îlot, faire la sieste sous l'ombre généreuse d'un arbre, ou faire la bronzette sur la plage. J'ai choisi de me mettre un peu au soleil et de profiter des couleurs de l'océan. Avec le sable blanc, l'eau était teintée de différentes nuances de turquoise, c'était magnifique. Mon petit moment de quiétude a été très rapidement interrompu par l'apparition d'une dame. Intuitivement, je savais qu'elle était la mère d'Arthur ! *Pfff,* me suis-je dit, *on est quand même dimanche !* Mais j'avais depuis longtemps assimilé que les défunts ne portaient pas attention à ce genre de détails. Pour le moment, elle ne semblait pas me solliciter. Elle se baladait à côté de nous sur le sable.

Dans l'immédiat, je n'ai pas cherché pas à comprendre les raisons de sa présence et je me suis décidée à aller débarrasser la table qu'on avait laissée telle quelle. Très vite, j'ai été rejointe par Arthur qui, visiblement, n'avait pas envie de se prélasser mais qui éprouvait un grand besoin de parler. Même si c'était la première fois qu'il me voyait et qu'il ne savait absolument rien de moi, il s'est mis à me raconter toute sa vie.

Il était célibataire depuis peu et il avait des relations difficiles avec ses adolescents et son ex-femme. Il s'était fait « avoir » par sa dernière copine à qui il avait prêté de l'argent qu'il ne reverrait jamais. Il était fils unique, n'avait donc jamais connu les joies d'avoir une sœur ou un frère. De plus, il souffrait d'une grande solitude affective…

À ce moment, deux choix s'offraient à moi : soit j'écourtais la conversation en lui faisant part gentiment de mon envie d'aller faire une petite sieste auprès de mon mari, soit je prenais le temps de l'écouter. J'ai repensé aussitôt à sa mère et j'ai pris conscience que sa présence n'était certainement pas le fruit du hasard, j'avais sans doute un rôle à jouer. De plus, ce monsieur était vraiment touchant, j'avais très envie de lui tendre la main.

Nous avons pris le temps de nous asseoir et je l'ai écouté me faire part de ses difficultés dans ses relations amicales et sentimentales. Au fur et à mesure qu'il se confiait, sa mère est venue m'expliquer qu'il n'avait jamais été aimé pour ce qu'il était. Avec son mari, ils auraient aimé qu'il soit différent. De ce fait, il avait joué un rôle toute sa vie pour se faire aimer des autres. En m'expliquant cela, elle ne m'a fait part d'aucun regret. Elle m'a juste aidée à comprendre le mode de fonctionnement de son fils. Je me suis permis d'expliquer à Arthur que j'étais médium et que sa mère, que je ressentais, me traduisait tout son mal-être. Il n'a pas pu retenir ses larmes et il m'a confirmé qu'il avait compris tout ce que je lui répétais. Il avait déjà suivi de nombreuses thérapies et il avait déjà travaillé sur lui-même. Il m'a fait part de son intention de changer. Il avait pris la décision, depuis quelque temps, d'arrêter d'être aimable avec les gens. Il m'a dit :

— Tu comprends ce que cela veut dire être aimable ? C'est tout faire pour être aimé des autres en m'oubliant totalement. Je souhaite être aimé pour moi-même, à force d'avoir joué différents rôles, je ne sais pas qui je suis.

Il a été stupéfait par ma capacité à lire en lui comme dans un livre. Je lui ai confirmé que je ne faisais que répéter ce que j'entendais. Je lui ai dit qu'il était seul responsable de sa vie et qu'il avait deux choix : soit il choisissait de rester une victime toute sa vie parce que ses parents ne l'avaient pas aimé, soit il choisissait de reprendre le pouvoir sur sa vie en apprenant à s'aimer. Après presque deux heures d'échanges, il m'a remerciée chaleureusement d'avoir pris le temps de parler vrai avec lui et d'avoir été authentique. Il s'en voulait de s'être laissé aller à pleurer. Je l'ai rassuré en lui disant que cet échange m'avait fait plaisir et que je comptais sur lui pour aller mieux et se battre pour être heureux, car personne ne le ferait à sa place. Une fois de plus, j'ai vécu un moment hors normes dans un endroit paradisiaque et j'espère de tout mon cœur qu'Arthur trouvera en lui le courage de s'aimer et de transformer sa vie.

CHAPITRE V.

Apparition divine dans notre vie

1. L'enterrement d'un œuf de poule

J'ai reçu l'appel d'une dame qui désirait prendre un rendez-vous pour sa mère âgée de quatre-vingt-dix ans. Je lui ai expliqué que je recevais les personnes individuellement et que je devrai rester seule avec elle. Elle a insisté pour assister à la consultation en raison de l'âge avancé de sa mère, ce que je pouvais comprendre. Alors j'ai craqué et, pour une fois, j'ai accepté de recevoir les deux dames en même temps.

Lorsque l'heure du rendez-vous est arrivée, j'ai vu deux petites dames âgées descendre la pente qui mène à mon bureau. La plus âgée, celle qui souhaitait me rencontrer, s'est avancée vers moi et m'a broyé la main en me disant :

— Je n'ai qu'une seule question à vous poser : quand vais-je mourir ?

J'ai été surprise de cette entrée en matière et je les ai invitées à s'asseoir. Je lui ai gentiment expliqué que je ne recevais pas ce genre de message, et heureusement ! Elle m'a regardée dans les yeux et elle a poursuivi :

— Je suis fatiguée, je veux partir. Je ne comprends pas pourquoi je suis encore de ce monde. Je vais vous dire un secret. Un jour, lorsque j'étais jeune, la Vierge Marie m'est apparue en brousse. Je vous assure que c'est vrai. J'étais dans un champ, il y avait un petit vent et elle m'est apparue. Elle m'a juste dit qu'il fallait que je déménage et que je parte habiter sur Nouméa. Elle était si belle, ses yeux étaient d'un bleu… si vous saviez… Vous me croyez ?

— Oui, ai-je répondu. Elle dégageait une telle sincérité que personne n'aurait pu faire autrement que la croire.

— Maintenant, vous devez absolument m'aider. Quand vais-je partir ?

Je lui ai assuré à nouveau que j'étais dans l'incapacité totale de lui répondre, mais que, cependant, je voulais bien que l'on tire les cartes. Cela me permettrait de me concentrer pour entendre des messages, s'il y en avait. Tout à coup, mon ange m'a prévenue qu'une malédiction dans la famille touchait tous les hommes. J'ai ressenti qu'une arrière-grand-mère avait repoussé un homme et qu'elle en avait épousé un autre. L'homme humilié, qui avait une grande puissance au niveau énergétique, s'était vengé. Il avait jeté un sort sur toute la lignée des hommes. J'ai passé cette information à mes deux interlocutrices qui m'ont confirmé qu'en effet, il était arrivé de grands malheurs aux hommes de leur famille. Il y avait déjà eu deux suicides, deux noyés et les autres avaient eu des parcours chaotiques d'alcooliques. J'en avais des frissons. J'ai poursuivi ma connexion avec mon ange. Il m'a expliqué que si cette dame voulait partir, elle devait d'abord briser la malédiction. La vieille dame était très attentive, les messages que je lui transmettais me paraissaient complètement fous, mais pas à elle. Elle m'a encouragée à poursuivre. J'ai fermé les yeux et, de tout mon cœur, j'ai demandé à mon ange qu'il lui donne la solution. S'est matérialisé immédiatement dans mon esprit un œuf de poule. L'ange m'a expliqué qu'elle devait aller enterrer cet œuf en demandant d'une manière déterminée que la malédiction soit levée. J'ai regardé la dame et je me suis excusée du message que je devais transmettre. Dans ma tête, je m'interrogeais quand même : un œuf de poule ? Mais, très gentiment sa fille m'a répondu :

— Ne vous inquiétez pas, ce n'est pas bête, cette histoire d'œuf. Il y a quelques années, nous sommes allées voir une voyante car nous avions des problèmes de voisinage. La voyante nous a dit de jeter un œuf pourri sur le mur des voisins. Nous l'avons fait et ça a marché, nous n'avons plus jamais eu de soucis avec eux.

La vieille dame a repris :

— Si j'ai bien compris, je suis la seule à pouvoir briser la malédiction de ma famille et, si j'y arrive, je partirai prochainement.

J'ai acquiescé. Elle s'est levée alors, satisfaite, puis toutes les deux sont reparties. Je ne les ai jamais revues.

Plusieurs années après, lorsque j'ai fait la connaissance du docteur Michel G, je lui ai fait part, d'une manière gênée, de cette expérience de l'œuf. Il m'a répondu :

— Moi aussi, je travaille avec des œufs. Je demande à mes patients de les jeter dans les toilettes.

Il m'a expliqué que l'œuf est le symbole du renouveau, de la renaissance.

Depuis cette aventure, j'ai développé une sorte de protocole d'enterrement d'un œuf de poule. Lorsque je ressens qu'une personne souffre d'importants blocages, de malédictions familiales ou autres et qu'elle est déterminée à en finir, je lui propose cette méthode :

Étape 1 :

Allez enterrer un œuf de poule frais par marée basse, pour ceux qui ont la mer autour de chez eux, ou bien au pied d'un arbre.

En arrivant sur le lieu où vous avez décidé d'enterrer votre œuf de poule, appelez votre ange gardien et les personnes décédées que vous avez dans le cœur.

Sur le trajet qui mène au plus bas de la marée ou au pied de l'arbre, vous devez prendre l'œuf dans vos mains et le masser. Il faut se concentrer pour mettre dans cet œuf tous les blocages, les malédictions, tout ce dont vous ne voulez plus, les problèmes que vous avez rencontrés dans votre vie, etc.

Étape 2 :

Agenouillez-vous et creusez le trou pour y déposer l'œuf. À cet instant, il faut arriver à vous réconcilier et à pardonner à l'au-delà et à vous-même pour tout ce qui vous a fait souffrir dans votre vie.

C'est vraiment très important de vous dire que vous vous donnez une nouvelle chance et que vous allez repartir à zéro. C'est un pacte que vous passez avec l'au-delà.

Vous faites la paix mutuellement. C'est une véritable renaissance.

À ce moment précis, il faut recouvrir l'œuf avec le sable ou la terre et essayer de ressentir dans votre cœur qu'un poids est parti. Vous devez vous sentir libéré, délivré et surtout très joyeux !

Étape 3 :

Il faut visualiser et demander tous les changements que vous souhaitez voir arriver dans votre vie. La liste est illimitée ! Quand vous n'avez plus rien à demander, il ne faut pas oublier de bien remercier l'œuf, et la poule qui l'a pondu, ainsi que votre ange qui vous accompagne et les défunts qui vous aident.

Étape 4 :

Repartir ensuite sans se retourner.

Je vous assure que si vous faites cet acte symbolique dans l'amour, en pleine conscience et avec détermination, vous vous rendrez compte que votre vie va changer.

J'ai eu énormément de retours positifs de cet acte symbolique. Une amie est tombée enceinte après avoir suivi ce processus. Une jeune femme a réussi à mettre un terme à une relation amoureuse difficile. Une autre a rencontré l'amour très peu de temps après…

Je connais même des personnes qui sont tellement en colère contre leurs blocages qu'elles vont fracasser l'œuf sur une falaise au lieu de l'enterrer.

Cet acte peut être renouvelé si vous en éprouvez le besoin ou si d'autres blocages apparaissent.

Grâce à cet acte symbolique, nous pouvons délivrer des âmes qui souffrent de ne pas avoir fait certaines choses dans leur vie, nous pouvons nous libérer nous-mêmes et briser des malédictions inscrites dans nos mémoires et dans nos cellules.

2. Les anges ont besoin de nous

Je souhaite faire maintenant un parallèle avec une émotion particulière qui contribue grandement à notre bonheur et qui est essentiel pour les anges. L'importance de créer cette émotion m'a été enseignée par les anges.

Nous étions le samedi 14 novembre 2015, c'était le matin et il faisait très beau à Nouméa. Le ciel était bleu, sans nuage, je faisais la vaisselle, les enfants étaient calmes et je pensais au fait que le soir nous étions invités à l'anniversaire de la fille d'amis très proches et que toute notre bande d'amis serait présente. Je m'en réjouissais par avance. J'ai été sortie de ma rêverie par mon beau-père, Jean, qui m'a téléphoné :

— Anne, allume vite la radio, il y a un attentat à Paris, c'est affreux !

Immédiatement, j'ai allumé la radio, je me suis connectée à Facebook, et j'ai assisté en direct à l'attentat du Bataclan. Avec le décalage horaire, nous étions encore le soir du vendredi 13 novembre à Paris. J'étais épouvantée, tétanisée, incapable de poursuivre mon activité. C'était affreux, horrible, terrifiant, indescriptible. Je suis restée dans un état second toute la journée, écoutant les témoignages des gens à la radio. La nuit est tombée tandis que je demeurais abasourdie. Je n'avais rien fait de la journée et je devais me préparer pour me rendre à cet anniversaire où je n'avais malheureusement plus du tout envie d'aller, alors que le matin même je m'en réjouissais si fort.

J'ai pris sur moi et je suis arrivée tout sourire chez mes amis. Mais, très vite, je me suis sentie mal, j'ai eu besoin d'aller m'allonger, la tête me tournait. Dans la chambre dans laquelle je m'étais isolée, j'ai appelé mes anges. Je leur ai fait part de ma tristesse face à ce qui se passait, et surtout de ma culpabilité d'être présente à cette fête alors qu'à Paris, c'était le chaos.

La réponse ne s'est pas fait attendre :

— Ne te culpabilise pas de ta présence à une fête lorsque, dans le monde, il se produit des atrocités. Car ces abominations sont en train d'éteindre la lumière de la Terre, celle que les hommes nous envoient en priant et en créant de la joie. La lumière de la Terre est notamment créée par la joie humaine. Cette dernière crée de l'énergie positive. Cette lumière nous est indispensable pour que nous puissions la redistribuer sous forme d'aide aux humains qui souffrent. Si vous, humains, arrêtez de vous rassembler, arrêtez de créer de la joie et de la lumière, la Terre s'éteindra et nous ne pourrons plus vous venir en aide. Il est vital que la planète reste éclairée pour qu'elle ne bascule pas entièrement dans l'obscurité. Certaines parties de la planète où il y a la guerre le sont déjà. Vous créez de la joie en organisant des rassemblements humains, des fêtes, toutes sortes de célébrations : mariages, anniversaires, concerts de musique (tous registres musicaux confondus), expositions, pièces de théâtre, chorales… Va rejoindre tes amis et continuez de vous amuser, de créer de la joie et des moments fraternels.

En percevant cette réponse faite par mes anges, je me suis alors sentie bien mieux, plus légère, et j'ai alors pu aller rejoindre mes amis.

J'ai donc appris ce soir-là que créer de la joie produit de la lumière divine, et que cette lumière est indispensable aux anges pour qu'ils puissent nous venir en aide. Comme, de plus, lorsque nous sommes joyeux, nous sommes heureux, je trouve que c'est fabuleux !

À partir de cette découverte j'ai organisé chez moi des fêtes pour les anges dans mon jardin, avec des rondes de la lumière. J'ai expliqué à mes amis proches le message des anges et l'importance de créer de la joie, et donc de la lumière.

Nos rondes de la lumière consistent à faire un cercle en nous tenant par la main et à envoyer gratuitement, sans rien attendre en retour, pendant quelques minutes, de la belle énergie positive, aux anges afin que ces derniers la récupèrent et la redistribuent sous forme d'aide aux gens qui en ont besoin.

À la première ronde de la lumière, seules mes amies ont participé, sous l'œil moqueur de leurs maris. Puis, à la seconde, les enfants se sont joints à nous, de même que certains maris. Maintenant la ronde est attendue par la majorité des participants à la fête, petits et grands. Et même si certains n'adhèrent pas à mes croyances, nous nous tenons tous par la main, nous créons un magnifique moment de fraternité et d'unité. Une énergie grandiose s'élève alors vers le ciel. Je suis, chaque fois, très émue par ce moment de communion si intense. Je suis remplie de gratitude.

Cette ronde de la lumière rassemble toutes les générations, la plus jeune participante a trois ans, la plus âgée soixante-cinq ans, parfois plus. Les anges attendent ce moment. Quelques jours avant la date de la fête, je me connecte à eux pour qu'ils fassent en sorte que le temps soit beau, car s'il y a trop de vent ou de la pluie, nous ne pouvons pas nous rassembler dehors et la ronde ne peut pas être créée. Je vous assure qu'il a toujours fait un temps magnifique pour ces fêtes. La dernière fois, il a plu la veille et le lendemain de la fête, mais le jour même il a fait « angéliquement » beau…

Pendant les préparatifs, je ressens leur présence. Ils sont là, du coup, toute la journée. J'en ai les larmes aux yeux, je suis sur un nuage tant je trouve extraordinaire ce qui se passe. Je passe mon temps à répéter à mes invités : « Rendez-vous compte comme c'est magique ! » Beaucoup de mes amis partagent cette magie. Même le lendemain, je suis encore dans le ressenti de ce qui s'est passé. C'est si beau.

3. Les messages de Marie

Je me souviens également que mi 2013, je me suis interrogée sur les apparitions mariales.

Sur YouTube, je suis tombée sur le témoignage d'une habitante de l'Île-Bouchard : Mme Jacqueline Aubry, qui racontait en détail comment, en 1947, alors qu'elle avait douze ans,

« une très belle dame et un très bel ange » lui sont apparus, ainsi qu'à d'autres enfants. La sincérité de cette dame m'a profondément touchée. Elle parlait de Marie comme étant la « maman du Ciel ».

Je crois que Marie, mère de Jésus, a réellement existé sur la Terre, et je pense que la dévotion des gens continue de la faire « vivre ». Tout comme les personnes décédées, Marie veille sur les humains qui la prient et l'appellent.

Je passe d'ailleurs chaque jour en sortant de chez moi devant un petit jardin qui lui est consacré et dans lequel il y a une très belle statue qui s'élève sur un rocher. J'en profite pour lui confier ma journée, et le soir, quand je repasse devant elle, je la remercie. J'aime ce petit rituel.

En septembre 2013, toujours accompagnée de Christophe qui me suit dans toutes mes « lubies », nous nous sommes rendus sur l'Île-Bouchard, dans l'église Saint-Gilles, où la Sainte Vierge est apparue, notamment à Mme Jacqueline Aubry.

Dans les témoignages des fillettes, la Sainte-Vierge leur a demandé à plusieurs reprises que soit récitée la prière *Je vous salue Marie* et qu'une grotte soit construite à l'intérieur de l'église. Ces demandes m'interpellaient, je voulais savoir pourquoi elle réclamait autant de prières. Je trouvais qu'il y avait là comme un manque d'humilité qui ne collait pas à sa « fonction ».

Christophe et moi sommes restés dans cette petite église et, même si je n'ai rien ressenti de particulier, je suis très heureuse d'y avoir passé un peu de temps. Après avoir allumé plusieurs cierges pour ma famille, mes amis et mes chers défunts, nous sommes repartis sereins, sans toutefois recueillir la moindre réponse à mes interrogations.

Nous avons poursuivi notre route en nous arrêtant à Limoges puis à Agen, et nous sommes arrivés à Lourdes. Aller à Lourdes faisait partie de ma *to-do list* d'enfance. Nous y sommes arrivés vers 19 heures et, après avoir déposé nos bagages à l'hôtel, nous nous sommes rendus à la grotte. Curieusement, il n'y avait pas grand monde assis sur les chaises à prier. La foule était occupée à dîner dans les restaurants et une procession était prévue plus tard dans la soirée.

J'ai pris place et me suis laissée imprégner par l'atmosphère, j'étais calme, sereine. J'ai contemplé la grotte, me suis remémoré l'histoire de sainte Bernadette, une de mes histoires d'enfance préférées.

Bernadette, jeune fille de quatorze ans qui, en allant ramasser du bois dans la grotte de Massabielle, avait vu la Vierge Marie lui apparaître dix-huit fois entre le 11 février et le

16 juillet 1858. Elle a reçu plusieurs messages dont celui-ci : « Allez dire aux prêtres qu'on vienne ici en procession et qu'on y bâtisse une chapelle. »

Après m'être souvenue de cette histoire, je me suis adressée à Marie en la remerciant. Je lui ai parlé de mes six enfants, de ma vie, de la gratitude d'avoir mon mari à mes côtés, du lieu paradisiaque dans lequel je vivais, de la chance que j'avais de pouvoir voyager et de me trouver ainsi, en ce jour, à Lourdes. Puis je lui ai dit que je me posais beaucoup de questions. Une qui me tenait à cœur était de savoir si elle était vierge lorsqu'elle était tombée enceinte de Jésus. C'était une question importante pour moi. J'avais besoin de savoir s'il s'agissait ou non d'un mensonge de plus qu'on avait voulu me faire croire.

Par télépathie, elle m'a répondu que la réponse à cette question était sans importance. J'ai été très déçue, car pour moi, comme pour beaucoup de personnes, elle l'est. Je l'ai sentie amusée de mon désappointement. Pour moi, c'était simple, elle ne devait me répondre que par oui ou par non, point ! Pourquoi entretenir ce mystère ? J'ai poursuivi :

— Pourquoi toutes ces prières, toutes ces demandes de réciter ou chanter le *Je vous salue Marie* ou de bâtir des églises ?

Sa réponse, toujours par télépathie, m'a stupéfiée :

— Tu vois, tu es venue ici pour me remercier, tu n'as rien à me demander. Rares sont les personnes comme toi qui sont là gratuitement. Regarde les gens qui sont assis autour de toi, ils souffrent, ils sont venus me demander de l'aide, pour eux, pour leurs proches. Les prières que les gens m'envoient sont de l'énergie. Je récupère cette énergie pour la redistribuer aux personnes qui en ont besoin.

Je lui ai répondu, un peu confuse :

— Je ne fais plus beaucoup de prières en ce moment…

— Ce n'est pas grave, m'a-t-elle répondu avec une infinie douceur, si tu m'envoies des prières, c'est bien, et même si tu ne m'envoies pas, c'est bien aussi, d'autres le feront. Il n'y a aucune obligation et aucune culpabilité à avoir, tout est parfait.

Je suis restée interloquée : comment le fait de ne pas réciter de prières alors qu'elle en a autant besoin peut-il être parfait ? J'ai récité alors avec elle un *Je vous salue Marie*, lentement, suivant son souhait. Puis j'ai pris place dans la file d'attente pour poser ma main sur le rocher.

Le soir, nous avons assisté à la procession… Tant de malades…

Le lendemain matin, avant de repartir, nous sommes retournés dans la grotte. Il y avait énormément de monde, nous avons eu du mal à nous faire une petite place. J'ai redit des prières, réaffirmé ma gratitude, puis nous sommes entrés dans la basilique Notre-Dame-du-Rosaire qui est tout simplement magnifique, toute colorée. Il se dégage d'elle beaucoup de sérénité.

Ce voyage à Lourdes a été très important pour moi, car il m'a permis de prendre conscience de l'importance des prières et des intentions.

Si nous y mettons tout notre cœur, nous créons l'énergie nécessaire à Marie pour exaucer les humains.

Conclusion

Ce livre est une rencontre, un don de l'au-delà.

J'ai éprouvé, tout au long de ces pages, tant de joie, tant d'amour à vous transmettre et à partager mes expériences et ce que les anges et les personnes décédées m'ont enseigné, c'est un si beau cadeau pour moi.

Je suis remplie de gratitude, d'espoir pour ce merveilleux jeu-vie dans lequel nous évoluons tous.

Je vous souhaite de vous créer une extraordinaire partie de jeu-vie, avec ses moments faibles, mais également ses moments forts. Mettez-y toute l'intensité que vous désirez. Soyez audacieux, courageux, fougueux, plein d'élan et d'entrain, et surtout croyez en vous !

Aujourd'hui, je ressens Dieu ou l'Univers partout autour de nous, dans la nature, les fleurs, les arbres, les cours d'eau, les animaux ; je suis en paix et sereine.

Je sais qu'il existe une force immense au-dessus de chaque être humain, que nous pouvons appeler Dieu ou Univers. Nous sommes tous connectés les uns aux autres, nous faisons rayonner de l'énergie, positive, négative, nous créons notre vie, notre futur. Nos choix d'aujourd'hui sont déterminants pour notre futur. Nous sommes responsables de notre vie.

Je suis très heureuse et touchée au plus profond de mon être d'être une messagère et de pouvoir relayer ce si beau message qu'ils m'ont dicté pour vous :

— Ne vous découragez pas, vous êtes tant aimés. Si vous vivez dans cette vie, c'est que nous étions convaincus que vous pouviez y arriver. Vous avez été choisis, chacun individuellement, pour apporter à l'Univers votre contribution, votre part de divin, votre lumière. Chacun de vous crée une lumière différente, unique, les teintes ne sont jamais les mêmes, votre lumière crée un très bel arc-en-ciel. Ne doutez pas de vos capacités à créer votre lumière ; chacune de celle que nous percevons nous est infiniment précieuse. Nous ne formons qu'un seul et même univers, continuons à unir nos forces pour une plus belle Terre.

Remerciements

Un grand merci à Brigitte Ventura qui a été ma principale correctrice et complice tout au long de l'écriture de L'INFINI ESPOIR.

Un message pour Christophe, mon mari, qui m'accompagne, me fait confiance et même s'il ne sait pas toujours où je l'emmène, m'aime d'un amour inconditionnel depuis treize ans.

Merci à Vincent, mon fils, d'avoir eu l'envie de partager avec moi certaines de mes histoires. J'ai adoré ces moments riches en émotions, notamment la lecture du chapitre consacré à ta grand-mère, même si tu l'as très peu connue.

Merci à mes filles Laura, Clémentine et Kimberley pour votre présence et votre précieux soutien.

Merci à Lancelot, mon fils, de respecter mes moments d'absence lorsque je suis connectée à l'autre monde.

Apollos tu es dans mon cœur.

J'aimerais également remercier toutes les personnes qui m'ont fait confiance et qui m'ont permis de partager avec mes lecteurs une partie de l'histoire de leur jeu-vie, notamment :

Avraham et Elisheva, Brigitte, Danielle, Isabelle, Jean-Michel, Manon, Muriel, Narcis, Nathalie, Séverine, Sandra, Tâm et Yann.

Et enfin j'aimerais de tout mon cœur remercier et exprimer mon immense gratitude à toutes les personnes qui m'ont soutenue dans cette magnifique aventure : Marie-Laure Bayard-Rakic, Franck Carbonnelle, Danielle Caquais, Sandra Castro, Sterenn Caudmont, Laurent Chassard, Marie Dehaye, Nathalie Dubief, Christine Ducout, Christophe Galin, Cécile Gauthier, Claire Ghiani, Vito Gramignano, Christophe Guillaumot, Anne-Christine Holzt, Betty Levanque, Christophe Liaret, Cindy Jaquemet, Olivier Jaquemet, Marina Levis-Etournaud, Alix Lucas, Laure Masson, Séverine Meriel, Séverine Perrier, Mylène Salvan, Agnès Stocky, Franck Talon, Corinne Vanreux, Valérie Voglimacci, Albert Waysberg et Elisheva Waysberg. Vos encouragements, vos messages, vos sourires, vos conseils, votre confiance m'ont transportée, ont illuminé mon cœur et m'ont donné des ailes.

Je vous aime !

Table des matières

Un dessin de ma fille Laura

Imprimé en France
FROC031442300321
26871FR00015B/153

9 791035 919511